主编＿葛剑雄

Editor-in-chief: Ge Jianxiong

摄影＿周剑生

Photographer: Zhou Jiansheng

United Nations Educational,
Scientific and
Cultural Organization

World Heritage

青岛出版社

Qingdao Publishing House

与保护，同样经历了一个漫长的时期。可以说，人类对自然遗产与文化遗产的认知与保护历程，也正是人类文明进步发展的过程。

自2013年当选联合国教科文组织第37届大会主席以来，我多次应邀访问世界遗产地，出席有关遗产保护、研究与可持续开发的国际会议，进一步切身体会到保护世界遗产的重要性以及这项工作在推进文明交流互鉴、保护文化多样性方面的重要意义。

2014年6月，我出席在卡塔尔举办的第38届世界遗产大会。在这次大会上，《世界遗产名录》收录的遗产总数已达到1007项，其中共有779项文化遗产（含文化景观遗产）、197项自然遗产、31项文化与自然双重遗产。也正是在这次大会上，中国与哈萨克斯坦、吉尔吉斯斯坦联合申报的“丝绸之路”项目被列入《世界遗产名录》，成为中国首个跨国合作、成功申遗的案例，开启了文化遗产线路保护与开发的新范式。至今，中国拥有的世界遗产达50项，总数仅次于意大利，其中文化遗产35项（含文化景观遗产5项）、自然遗产11项、文化与自然双重遗产4项。

世界遗产属于全人类，每年吸引着数以亿计的游客，也滋养着研究人员和艺术创作者的灵感。从1994年至今，著名摄影家周剑生先生历尽艰辛，拍摄分布在全球五大洲的世界遗产，20多年来积累了数十万张精美的影像作品，多次受邀在中国、日本和意大利等国举办个人摄影展，获得广泛好评。

我很高兴地看到，青岛出版集团与周剑生先生的合作成果丰硕，启动《世界遗产全集》这样一项规模宏大的出版工程。这体现了深刻、广泛、积极的文化交流，体现了中国对传播世界文明、促进世界各国文化交流的责任感。

我认为，《世界遗产全集》反映了以中国人的眼光审视世界文明，推动中华文明与世界文明的交流与互动，向全世界展现中华文明的魅力与魄力的宗旨。我相信，《世界遗产全集》出版工程的正式启动，将推进人类优秀文化在世界范围内的传播与交流，造福后人，为人类和平与进步作出贡献。

联合国教科文组织第37届大会主席　郝平

总序一
Preface Ⅰ

世界遗产：人类共同的宝贵财富

*

世界遗产来自历史、映照现实、启迪未来，是人类代代传承的宝贵财富。人类文明博大精深，世界遗产丰富灿烂。从埃及金字塔到中国长城，从东非大裂谷到加拿大冰河公园，这些遗产具有人类公认的突出的普遍价值，需要世界各国共同重视与保护。

联合国教科文组织自成立起，就将保护和传承世界遗产作为其重要使命，强调任何国家和地区的遗产，都应得到普遍的尊重、认可与保护。在教科文组织的推动下，《保护世界文化和自然遗产公约》（以下简称《公约》）于 1972 年通过，历史上首次将保护文化遗址和自然景观有机地联系起来，并建立了《世界遗产名录》，定义了被列为世界遗产的标准，也规定了缔约国在保护和传承世界遗产中的责任和义务。

《公约》规定，各缔约国在充分尊重文化和自然遗产所在国的主权，并不使国家立法规定的财产权受到损害的同时，承认这些遗产是世界遗产的一部分，因此，整个国际社会有责任合作予以保护。至今，已有 180 多个国家批准了《公约》，在为子孙后代传递物质和精神财富方面作出了承诺。

世界遗产分为文化遗产和自然遗产两大类。有些世界遗产兼具文化遗产与自然遗产的属性，称为世界文化与自然双重遗产。自然遗产是大自然的杰作；文化遗产则反映着人类智慧与创造力的丰功伟绩。它们历尽沧桑保存到今天，实属不易，而人类对这些遗产的发现、认识、研究

总序二
Preface Ⅱ

2016 年 7 月，在伊斯坦布尔召开的联合国教科文组织世界遗产委员会会议上产生了 21 项新的世界遗产，全球世界遗产总数增至 1052 项。其中包括 814 项文化遗产、203 项自然遗产、35 项文化与自然双重遗产。世界遗产，是指在 1972 年联合国教科文组织大会上通过的《保护世界文化与自然遗产公约》中被认定为具有“突出的普遍价值”的文化遗产（历史建筑物及历史遗址）和自然遗产。

在今天有 160 多个国家拥有世界遗产，但是国境内一项世界遗产都没有的国家也有 30 个左右。无论文化遗产还是自然遗产，这些国家都强烈希望至少拥有一项。另外，世界遗产最多的国家是意大利，拥有 51 项。在意大利有诸多反映其悠久、丰富历史的，令人深感兴趣的文化遗产。排名第二位的就是中国，拥有 50 项世界遗产。在中国不仅同样有多项反映其悠久、丰富历史的文化遗产，而且有多项丰富多彩的自然遗产。

这次青岛出版集团与摄影家周剑生先生合作推出以 2016 年之前被列入《世界遗产名录》的 1000 多项世界遗产为对象的 30 多卷摄影作品集，这让我很高兴。作为教科文组织总干事，我走访过的世界遗产超过 300 项，这数字远远超过普通人。但即使是这样，也没有达到全部的三分之一。我想如果是普通人，能够访问 100 项世界遗产，那也是相当了不起的事情了。在这样的情况下，周剑生先生能够出版以 1000 多项世界遗产为对象的作品集，真是一件难得的事情。我们通过他的摄影作品，可以近距离感受这些世界遗产。在这部摄影作品集中能够有机会看到那些我自己都未曾访问的世界遗产，我非常高兴，并充满了期待。

第 8 届联合国教科文组织总干事　松浦晃一郎

总序三
Preface Ⅲ

1972 年 11 月 16 日，联合国教育、科学、文化组织在巴黎召开第 17 次会议，通过了《保护世界文化和自然遗产公约》（以下简称《公约》）。根据《公约》的规定，世界遗产是指被联合国教科文组织和它所属的世界遗产委员会确认的人类罕见的、目前无法替代的财富，是全人类公认的具有突出意义和普遍价值的文物古迹及自然景观。

《公约》规定，属于下列各类内容之一者可列为文化遗产：

文物：从历史、艺术或科学角度看，具有突出意义和普遍价值的建筑物、雕刻和绘画，具有考古意义的成分或结构、铭文、洞穴、居住区及各类文物的综合体；

建筑群：从历史、艺术或科学角度看，因其建筑的形式、同一性及其在景观中的地位，具有突出意义和普遍价值的单独或相互联系的建筑群；

遗址：从历史、美学、人种学或人类学角度看，具有突出意义和普遍价值的人造工程或人与自然的共同杰作以及考古遗址地带。

在联合国教科文组织为《公约》制定的补充文件《执行遗产公约的操作准则》（以下简称《操作准则》）中规定，凡提名列入《世界遗产名录》的文化遗产项目，必须符合下列一项或几项标准：

1. 代表一种独特的艺术成就，一种创造性的天才杰作；
2. 能在一定时期内或世界某一文化区域内，对建筑艺术、纪念物艺术、城镇规划或景观设计方面的发展产生过重大影响；
3. 能为一种已消逝的文明或文化传统提供一种独特的、至少是特殊的见证；
4. 可作为一种建筑或建筑群、景观的杰出范例，

展示出人类历史上一个（或几个）重要阶段。

5. 可作为传统的人类居住地或使用地的杰出范例，代表一种（或几种）文化，尤其在不可逆转之变化的影响下变得易于损坏；

6. 与具有特殊意义的事件或现行传统、思想、信仰、文学艺术作品有直接或实质的联系（只有在某些特殊情况下或该项标准与其他标准一起作用时，此款才能成为列入《世界遗产名录》的理由）。

到2016年为止，全世界已有世界文化遗产814项，中国拥有35项，其中“莫高窟”符合全部6条标准。

《公约》规定，属于下列各类内容之一者可列为自然遗产：

从美学或科学角度看，具有突出意义和普遍价值的由地质和生物结构或这类结构群组成的自然面貌；

从科学或保护角度看，具有突出意义和普遍价值的地质、自然地理结构以及明确划定的濒危动植物物种生态区；

从科学、保护或自然美角度看，具有突出意义和普遍价值的天然名胜或明确划定的自然地带。

《操作准则》规定，凡提名列入《世界遗产名录》的自然遗产项目，必须符合下列一项或几项标准：

1. 构成代表地球演化史中重要阶段的突出例证；

2. 构成代表进行中的重要地质过程、生物演化过程以及人类与自然环境相互关系的突出例证；

3. 独特、稀有或绝妙的自然现象、地貌或具有罕见自然美的地带；

4. 尚存的珍稀或濒危动植物物种的栖息地，是生物多样性的真实体现。

《操作准则》还规定了每个自然遗产项目必须符合的“整体环境”条件：

1. 必须包含自然生态关系必备要素的全部内容或者绝大部分内容；

2. 必须有相当充分的地域面积，能够自我维持生态平衡；

3. 必须具有维护物种延续的生态系统；

4. 濒危物种遗址应具备濒危物种生存所需的条件，特别要保护迁徙性的物种种群；

5. 遗产所在地必须有令人满意的长期立法调节，以做到制度化的保护。

全世界目前有世界自然遗产203项，中国有11项，其中“三江并流”符合全部4项条件。

同时符合文化和自然两方面的因素和内容，既符合文化遗产的标准，也符合自然遗产的标准的，可列入世界文化与自然双重遗产。全世界目前有35项，中国拥有4项。

世界文化遗产和自然遗产是自然和人类共同的杰作，有幸保留到今天并被人类发现和认识的更是可遇不可求的奇迹。

成为世界自然遗产的地质、自然地理或生物结构无不经过漫长的演变，少则以万年计，多则以亿年计。尽管它们的同类曾大量存在，甚至广被全球，但绝大多数已变化消失，或者没有能够形成如此独特的景观或群落。在地球50亿年的生命中，能够孕育出像世界自然遗产这样的概率微乎其微。

自从产生了人类社会后，人类对自然环境的影响就不可避免。尽管世界自然遗产基本都是自然本身演化的结果，但其最终的形成往往也离不开人类的影响。正面的影响是，由于人类的及时发现和保护，使它们不至于向着消亡的方向继续演化，至少放慢了演化的速度；消极方面的影响，则是某些濒危的自然景观或生物群落正是人类活动的产物，或者人类不适当的保护措施恰恰加速了对它们的破坏。

人类对它们的发现、认识、研究、确定和珍惜，也经历了一个漫长的时期，从早期的恐惧、对抗、破坏到逐渐的敬畏、规避、亲近，人类从无意识的反应进化到了自觉的观念。但只有当人类拥有观察、探测、记录、接近和居留在地球上任何地点的手段和能力时，全部业已存在的自然遗产才有可能被发现并列入《世界遗产名录》。

世界文化遗产更是人类借助自然环境创造的杰作，其中大部分还是在生产力和科学技术水平低下的条件下，仅仅依靠手工和简单的工具创造出来的。尽管大多数遗产的创造者当初就希望他们的产物能长久存在下去，但他们的主要目的还是为了满足当时的特殊人群的物质或精神的需要，而不是为了今天能成为遗产。沧海桑田，天灾人祸，有意无意（包括以往破坏性的保护、修缮和重建），最重要、最辉煌、最宏大、最繁华、最富贵、最有吸引力的往往最先受到破坏，或者被破坏的次数最多，被破坏得最彻底。因此，文化遗产只是无数同类中硕果仅存的幸运者。

而且，与自然遗产相比，它们更面临着来自自然和人类两方面的威胁。现有的世界文化遗产绝大多数产生于工业化以前，无论是文物、建筑群还是遗址，构成它们的物质主要是石料、木材、砖瓦、陶瓷、金属、矿物、纸张、纺织品、动植物制品等，很难在自然条件下长期保存。

文化遗产属于不同的人群、民族、国家、文化，出于不同的审美情

趣、政治理念、意识形态、价值观念、特殊崇拜、宗教信仰，最易在人类的群体冲突中成为破坏目标和牺牲品。即使因对其他群体有利用价值而得以幸存，其最富特色的部分往往也会被改变或消除。文化遗产一般可以部分或全部被移动、拆除、毁坏，增加了在战争、冲突和动乱中被盗窃、劫掠、破坏的可能性。就是在平时，也往往是不法商人和盗匪的目标。

正因为如此，世界文化遗产、自然遗产和文化与自然双重遗产是地球和我们的祖先对我们最有价值的恩赐，是全人类的财富，也是我们对子孙后代最有意义的馈赠。

中国疆域辽阔，地形复杂，山河壮丽，景观丰富，历史悠久，人口众多，文化发达，历来是个多民族、多移民、多产业的国家，大自然和祖先给我们留下了类型和数量都居世界前列的自然遗产和文化遗产。

但毋庸讳言，由于近代的科学技术和经济文化的落后，特别是“文化大革命”的破坏，中国没有及时参与申报和保护世界遗产的行动。1972 年联合国教科文组织通过《公约》时，中国的“文化大革命”还没有结束。改革开放后，一批专家学者走出国门，其中就有 2013 年刚去世、享年 102 岁的中科院院士侯仁之先生。侯先生告诉我，在美国参观一所大学时，校长向他展示该校收藏的文物，他看到玻璃盒子里装的是从北京城墙上拆下来的城砖。作为北京城的研究者他完全明白，彻底拆除北京城墙就是“文化大革命”的“成果”。正是侯先生从国外带回了世界文化与自然遗产的信息，并以全国政协委员的身份与其他几位委员一起提案，建议中国加入《公约》，促成中国在 1985 年成为该《公约》的缔约国，并且在 1987 年第 11 届世界遗产大会上将故宫等 6 项遗产列入《世界遗产名录》，到 2016 年中国已经拥有 50 项世界遗产。

由于历史背景、人文条件和地理环境不同，世界各国的文化遗产和自然遗产无不经历过岁月沧桑和程度不同的人为损坏。即使保护得最好的国家或地区，人们的认识也有一个提高的过程，保护的手段也有一个改善的过程，而不可抗拒的自然规律总是在无情地起着作用。地球大多数地方都经历过天灾人祸，有的地方至今还燃烧着战火，传播着瘟疫，更加剧了遗产面临的威胁。有些国家至今还难以保证维护世界遗产的必要经费，不能制止对它们有意无意的破坏。还有一些应该列为世界遗产的自然和文化遗存，却因种种原因至今未能列入，甚至尚未被发现。自然的变迁和人类的进步，也在产生新的自然和文化遗产。

正因为如此，保护世界遗产，发现并确定新的世界遗产，是全人类的神圣使命。而世界遗产的数量也会逐年增加，分布更广，门类更多，内容更丰富。

设立《世界遗产名录》最根本的目的是为了保护，正如《公约》所明确的，是“注意到文化遗产和自然遗产越来越受到破坏的威胁，

一方面因年久腐变所致，同时变化中的社会和经济条件使情况恶化，造成更加难以对付的损害或破坏现象”“考虑到任何文化或自然遗产的坏变或丢失都有使全世界遗产枯竭的有害影响”“考虑到国家一级保护这类遗产的工作往往不很完善，原因在于这项工作需要大量手段而列为保护对象的遗产的所在国却不具备充足的经济、科学和技术力量”。因此，《公约》要求缔约国“应通过一切适当手段，特别是教育和宣传计划，努力增强本国人民对本公约第一和第二条中确定的文化和自然遗产的赞赏和尊重”“应使公众广泛了解对这类遗产造成威胁的危险和根据本公约进行的活动”。

旅游、考察和探险无疑是直接了解世界遗产的有效途径，能激发人们对它们的热爱、赞赏和尊重，提高人们保护世界遗产的自觉性。中国的世界遗产不仅是中国人民最主要的旅游目的地，也是世界人民向往的旅游胜地。改革开放以来，越来越多的中国人成为各国世界遗产的游客，今天世界上任何一个文化或自然遗产都已不乏中国人的足迹。各国人民也都以本国的世界遗产为旅游目的地，有条件的人也会走出国门，以全球的世界遗产为旅游目标。

但过度的旅游开发、过多的游客对世界遗产造成的破坏日益严重，一些遗产项目不得不实行严格的人数规模、参观时间和进入范围的限制。这就意味着，世界总人口中能够进入这些世界遗产的人是极少数，而且会越来越少。由于经济能力、身体条件、社会环境等方面的限制，多数人不可能参观大多数世界遗产。另一方面，如果缺乏必要的历史、文化、艺术、科学等方面的知识和欣赏能力，即使身临其境，也未必能认识世界遗产的价值，达到赞赏和尊重的目的。而自然遗产的观赏无不受到季节、气候、时间、位置、角度、距离、光线、气温、环境等苛刻的条件的限制，能够获得最佳效果的人微乎其微。而且不少自然遗产范围广阔，即使多次进入也难以穷尽。

现代科学技术和专业人士已经能为我们提供古人梦想中的“卧游”，即足不出户就能通过视觉和听觉器官全方位获得旅游目的地的信息。专业摄影不仅可以从数百数万公里外俯瞰地球的每个角落，还能捕捉到稍纵即逝的影像，精细展示美妙的微观世界，或者聚焦、定格在一个最佳的瞬间——百年一遇、千年一遇，甚至是绝无仅有的景观。前人留下的照片尽管拍摄的质量未必尽如人意，有的已模糊，却为我们留住了历史——显示了已经变化的自然景观和已经消失的人文景观。

华人摄影家周剑生先生一向钟情于世界遗产，从 1994 年至今，已经在上百个国家和地区的数百项世界遗产拍摄了数以万计的精美照片。这些遗产中有的我到过不止一次，有的还有过相当深入的考察。但在欣赏这些照片时，不时会有新的发现，有的是我从未见到过的景象，有的是我在参观时遗落的局部。其中一部分不愧为自然、历史与摄影师共同完成的杰作，因为要不是他抓住了一个难得的瞬间，某些罕见的景观或图像是不可能保留下来的。周先生的作品已在不少国家举办过展览，在遗产所在国也深受欢迎，获得好评。我为周先生

的成就自豪，也为中国能对世界遗产作更大的贡献而自豪。

为此我建议青岛出版社以周先生的作品为主，出版一套截止 2016 年全球所有世界遗产的摄影集，并且在以后定期补充新产生的世界遗产。据我所知，目前世界上还没有这样一套全集。周先生正在努力补拍，不足部分将由青岛出版社向相关机构或个人征集洽购。这套《世界遗产全集》将是周先生和青岛出版社献给世界遗产的礼物，献给全球世界遗产爱好者和保护者的礼物，将伴随着中国文化走向世界，走向未来。

如果你已经到过某项世界遗产，你肯定能发现比你记忆中更好的视觉效果，或许你会开始新的追求。

如果你还没有到过某项世界遗产，你一定会感受到它惊人的魅力和巨大的吸引力，你的追寻会有更具体的目标。

如果你暂时没有去某项世界遗产的条件，那么就慢慢观赏这些照片吧。如果你再读读相关的文字，也许你能获得身临其境的人也无法享受到的乐趣，因为你的想象和赞赏不受时间和空间的限制。

葛剑雄

凡例
Pedestrianize

1　全集所收世界遗产，以联合国教科文组织官方网站所列《世界遗产名录》为准，截至 2016 年。

2　根据 2016 年世界遗产的数量，全集预计出版 34 卷，其中包括索引 1 卷，其余各卷以大洲划分。计亚洲卷 10 卷、欧洲卷 10 卷、非洲卷 5 卷、美洲卷 8 卷。大洋洲因世界遗产数量较少，不单独分卷，附于美洲卷。

3　各大洲之世界遗产，以国别列入各卷，原则上每卷包括 30 项左右世界遗产。世界遗产数量较多的国家，根据实际情况，或单独分卷，或分为上、下两卷，并酌情收入邻近国家的世界遗产。如意大利截至 2016 年共计有 51 项世界遗产，分为上下两卷，并在下卷收入梵蒂冈的 2 项以及邻近的马耳他的 3 项世界遗产。世界遗产数量较少的国家，或与其他国家组合为一卷，或插入其他卷。

4　两国或多国共有之世界遗产，分别编入各国所在卷。同一遗产在同一卷内多次出现，在首次出现时有全文概述。

5　一卷之内有多个国家的，其排列次序以列入联合国教科文组织官方网站《世界遗产名录》（英文版）之国家次序为准。

6　一国之世界遗产，其排列次序以列入联合国教科文组织官方网站《世界遗产名录》（英文版）之时间次序为准。

7　各卷均设世界遗产全球分布图一幅；各国均设该国世界遗产分布图一幅；各遗产地均设该遗产具体所在区域图一幅。所有分布图均为示意图，以中国地图出版社《世界地图集》（第二版，2016）为依据绘制。

8　全集所选用图片，以周剑生的作品为主。为兼顾全面性、系统性和记录性，也选用了一些其他来源的图片，均已获得合法的使用权，并注明出处和作者。

9　各世界遗产图片之选择，在注重全面性、系统性和记录性的前提下，亦注重其艺术性。

10　各国首列概况一篇，均摘自中国地图出版社《世界地图集》（第二版，2016）。

11　为便于读者识别，全集设计了 3 种特别符号以区分世界遗产的三大类别，其中 ⊙ 表示文化遗产，⊙ 表示自然遗产，⊚ 表示文化与自然双重遗产。

12　全集各世界遗产之文字介绍，均据联合国教科文组织官方网站（英文版）翻译；联合国教科文组织官方网站尚未列入的，则以该世界遗产官方文本为基础编辑而成。联合国教科文组织官方网站（英文版）原文中的一些条目、体例与篇幅均不一致，本书限于篇幅，对遗产保护措施、未来规划等内容作了删减，其余文字尽量遵从原文之表述。

13　各卷末均附索引，以该卷所有世界遗产中文名称首字汉语拼音排序。每条索引内容包括该遗产中文名称、英文名称、类型、导语、卷号、页码等。

14　全集将分卷陆续出版。

The Complete Works of World Heritage Sites

亚洲甲卷 Volume Asia A

世界遗产全集

主编_葛剑雄
Editor-in-chief: Ge Jianxiong
摄影_周剑生
Photographer: Zhou Jiansheng

United Nations Educational,
Scientific and
Cultural Organization

World Heritage

青岛出版社
Qingdao Publishing House

· 中国地图示意图

中国概况

|

国名：中华人民共和国

面积：约 9600000 平方千米

人口：138516 万

首都：北京

国庆：10 月 1 日

货币：人民币

语言：通用汉语

民族：共有 56 个民族，汉族占总人口的 91.51%，55 个少数民族中壮、满、回、苗、维吾尔、土家、彝、蒙古、藏、布依、侗、瑶、朝鲜、白、哈尼、哈萨克、黎、傣等民族的人口在百万以上。

宗教：多宗教国家，主要有佛教、道教、伊斯兰教、天主教和基督教新教等。宗教信仰自由，多数人不信教。

自然：位于亚洲东部。地势复杂多样，自西向东可分为三级阶梯：第一阶梯为青藏高原，平均海拔 4000 米以上，山岭沟谷纵横，湖泊众多。西南边缘有世界最高大雄伟的喜马拉雅山脉，其中位于中国、尼泊尔交界的珠穆朗玛峰海拔 8844.43 米，是世界最高峰。第二阶梯为青藏高原以北、以东，多为海拔 1000~2000 米的高原和盆地。主要包括云贵高原、黄土高原、内蒙古高原和四川盆地、塔里木盆地、准噶尔盆地等。新疆吐鲁番盆地最低处低于海平面 154.31 米，为全国最低点。第三阶梯为大兴安岭、太行山、巫山及云贵高原东缘一线以东。一般海拔 500 米以下，丘陵和平原交错分布，主要有东北平原、华北平原、长江中下游平原、江南丘陵，少数山峰可达海拔 2000 米，沿海平原多在海拔 50 米以下。境内江河众多，河流大多顺地势向东或东南流入太平洋。长江、黄河、黑龙江、珠江、辽河等属太平洋流域，怒江、雅鲁藏布江属印度洋流域，仅额尔齐斯河属北冰洋流域。长江中下游平原是淡水湖最集中的分布区，青海湖为全国最大的咸水湖。中国疆域辽阔，南北跨温、热两大气候带，气候复杂多样。大部分地区位于北温带和亚热带，属东亚季风气候，极高山区为寒冷气候，青藏高原为特殊的高原气候。降水从东南沿海向西北内陆逐渐减少，各地年平均降水量差异很大。

历史：中国历史悠久灿烂，是人类文明发祥地和世界四大文明古国之一，有文字记载的历史近 4000 年。中华民族各族人民的祖先共同创造了丰富多彩的远古文化，经历了漫长的原始氏族公有制社会。公元前 21 世纪进入奴隶制社会，历经夏、商、西周、春秋时期。从战国时期开始了封建制社会，建立了秦、两汉、三国、两晋、南北朝、隋、唐、五代、宋、辽、金、元、明、清王朝。1840 年鸦片战争以后，中国遭到西方列强侵略，逐步沦为半殖民地、半封建社会。1851 年的太平天国革命、1900 年的义和团反帝爱国运动和 1911 年的辛亥革命是中国近代史上旧民主主义革命时期三次最伟大的人民革命运动。辛亥革命推翻了清王朝，结束了 2000 多年的封建帝制，建立了中华民国。1921 年中国共产党诞生，经过北伐战争、土地革命战争、抗日战争和解放战争，终于领导中国人民取得了新民主主义革命的胜利，于 1949 年 10 月 1 日建立了中华人民共和国，实行社会主义制度。1978 年召开中共第十一届三中全会，实行改革开放，开始了社会主义建设的新时期，经济发展、政治稳定。1997 年 7 月 1 日恢复对香港行使主权；1999 年 12 月 20 日恢复对澳门行使主权；全国人民代表大会是最高国家权力机关，行使立法权。国家主席为国家元首，由全国人民代表大会选举产生。国务院是国家权力机关的执行机关和最高国家行政机关，实行总理负责制。

经济：自然资源丰富，已探明 100 余种矿物储量。其中煤、锡、铀、钼、钨、稀土、钛、锑、汞、铅、锌、铁、金、银、硫、磷、石墨、萤石、菱镁、铜、铝、锰、硼等储量均居世界重要地位。水力和地热蕴藏量大。森林面积较小，但林种众多，以此为基础的桐油、生漆、白蜡、竹器、药材等在国际市场享有盛名。现有工业门类齐全，体系完整，拥有现代化技术的加工工业在国民经济中起主导作用。生铁、钢、原油、煤炭、电力、水泥、原木、硫酸、烧碱、化肥、塑料、化纤、棉布、糖、纸、电视等重要工业产品产量已进入世界前列。手工业历史悠久、技术精湛，玉雕、泥塑、刺绣、景泰蓝、瓷器等远销海内外。农业、种植业结构不断调整，粮油等主要农产品稳步增长。位居世界前茅的主要农产品有粮食、棉花、糖料、油菜籽、花生、大豆、茶叶等，粮食作物所占比重最大。畜牧、渔业生产稳步发展，林业、水利建设取得新进展。畜牧业以马、牛、羊、猪的饲养为主，机械化饲养业正在蓬勃兴起。中国为旅游大国，旅游资源极为丰富，仅世界遗产就达 50 处之多。万里长城、故宫、颐和园、京杭运河、森林公园、苏州园林以及滨海沙滩、出土文物、寺院禅林等闻名遐迩。每年国内旅游人数达 12 亿人次，接待入境游客达 1.2 亿人次。全国统一运输网初步建成，以铁路为骨干，水运、公路、航空等辅助配合。近年来，高速公路建设飞速发展，通车总里程已达 8.5 万千米。

世界遗产全集 | 亚洲甲卷

—— 中国 ——

内蒙古自治区
呼和浩特
河北省
辽宁省
北京市
北京
天津市
天津
甘肃省
长
城
银川
宁夏回族自治区
山西省
石家庄
太原
黄
河
渤
海
陕西省
青海省
兰州
山东省
西安
河南省
江苏省
四川省
安徽省

01

* 长城

* The Great Wall

* 1987

⊙

* 文化遗产

* Cultural Heritage

▲长城是由城墙、敌楼、关城、墩堡、营城、卫所、烽火台等多种防御工事组成的完整的防御工程

• 长城不仅是中国也是世界上修建时间最长、工程量最大的一项古代防御工程

公元前 220 年，秦始皇下令将早期修建的一些分散的防御工事连接成一个完整的防御系统，用以抵抗来自北方的侵略。长城的修建一直持续到明代，终于建成世界上最大的军事设施。长城在建筑学上的价值，足以与其在历史和战略上的重要性相媲美。

详细描述

长城常常被中国人称为“万里长城”，它是一座宏伟壮观的防御工事，用来保卫中原，抵御外侮。这座非凡工事的主要部分的历史，可以追溯到春秋和战国时期。

长城某些部分的建成要归因于诸侯国之间的相互征战，如公元前 408 年魏国筑长城以防秦。魏长城遗址现存于中原地区，其建造时间远早于秦、赵、燕等国在公元前 300 年左右为抵御北方民族而修建的长城。自公元前 220 年开始，秦始皇下令将分散的长城进行修复并连接起来。这些分散的长城修建于公元前 3 世纪甚至更早的年代，起于鄂尔多斯，绵延至辽东地区。

这些防御工事是我国历史上第一个连贯的防御系统，其巨大的遗迹现仍存于黄河流域。在汉朝建立之前，秦始皇将这些防御工事向西一直延伸到了兰州。到了汉代，长城得到了进一步的延伸。汉武帝时，长城总长达到了约 6000 千米，西起敦煌，东至渤海。由鲜卑人、通古斯人等联合组成的匈奴帝国是草原上形成的第一个帝国，他们沿中国北方边境侵扰的风险使得汉朝对边防政策的需求变得尤为迫切。汉朝衰落后，长城亦进入了它的中古阶段，其建设与维护工程纷纷中断。

经过长期的冲突，随着蒙古各族被彻底驱逐，明代帝王们重拾秦始皇所建立的修建长城的传统。明代共修建了约 5650 千米的长城。为保卫北方边境，长城共被分为 9 个镇，即 9 个军事防守区，不是简单的驻防地。在具备战略意义的地点，明朝修建了要塞来卫戍城镇、关隘或河流浅滩。城墙上的通道实现了军队的快速调度和朝廷驿骑的通行。今天，长城两端仍然

• 烽火台的建筑早于长城，但自长城出现后，长城沿线的烽火台便与长城密切结为一体，成为长城防御体系的一个重要组成部分

01

竖立着两大标志性建筑——位于长城东端的“天下第一关”山海关及西北端的“天下第一雄关”嘉峪关。1949年以后，嘉峪关部分建筑得到了完整修复。

这处历经时间洗礼的复杂文化遗产是军事建筑群的一个杰出而又独特的代表。在2000多年的历史中，长城的战略目的只有一个，但它的建设史展现了国防技术的一系列进步以及对不断变化的政治环境的迎合。长城建设的目的不仅是抵御外侮，而且还要保护中华文明免受外族风俗的影响。长城的修筑也意味着苦难，因此它也是中国文学作品中一个重要的意象。

明代长城是一项杰作，这不仅因为它有着雄伟的气势，还因为它拥有极为完善的结构。长城在一片广袤的大陆上构成了一个建筑与自然景观完美融合的典范。春秋时期，华夏诸侯国通过沿其北方边境建造的防御工事，强势推广了其建筑和空间组织范式。长城的修筑也迫使人口迁移，进而强化了中华风俗的传播。

长城为中国古代文明提供了独特的见证，这不仅体现在其现存于甘肃省的可以追溯至西汉时期的夯土工程本身，也体现在誉满全球的明代砖石砌筑的城墙及其他建筑身上。

突出的普遍价值

长城的修建从公元前3世纪持续到17世纪，位于中国古代中原各国的北方边境，总长2万多千米，是历朝最大的军事防御工程。它东起河北省山海关，西至甘肃省嘉峪关。主体包括城墙、马道、瞭望台和城墙上的驻防场所，另外沿长城还建有要塞和关隘等。

长城反映了古代中华农耕文明与游牧文明之间的碰撞与交流，为中国古代中原国家目光高远的政治战略思想以及强大的军事和国防力量提供了有力的物证，是中国古代宏伟的军事建筑、技术以及艺术的杰出代表。作为保卫国家及人民安全的象征，它体现了无与伦比的重要性。

遗产符合的遴选标准（i）：明长城不仅气势雄伟，而且结构极为完善，

因此绝对是一项杰作。长城在一片广袤的大陆上构成了一个建筑与自然景观完美融合的典范。

遗产符合的遴选标准（ii）：春秋时期，华夏诸侯国通过沿其北方边境建造防御工事，强势推广了其建筑和空间的组织范式。长城的修筑迫使人口迁移，进而强化了中华风俗的传播。

遗产符合的遴选标准（iii）：长城为中国古代文明提供了独特的见证，这不仅体现在其现存于甘肃省、可以追溯至西汉时期的夯土建筑本身，也体现在誉满全球的明代砖石砌筑的建筑本身。

遗产符合的遴选标准（iv）：这处历经时间洗礼的复杂文化遗产是军事建筑群的一个杰出而又独特的代表。在 2000 多年的历史中，长城的战略目的只有一个，但它的建设史展现了国防技术的一系列进步以及对不断变化的政治环境的迎合。

遗产符合的遴选标准（vi）：长城在华夏历史上拥有不可比拟的象征意义。长城建设的目的不仅是为了抵御外侮，而且还要保护中华文明免受外族风俗的影响。长城的修筑也意味着苦难，因此它也是中国文学作品中一个重要的意象，这一点在诗人陈琳的《饮马长城窟行》、杜甫的诗歌以及明代的通俗小说等作品当中均有体现。

• 少了白天游人的喧闹，长城静卧于群山之中，夜色难掩历史的厚重

• 城墙是长城的工程主体，墙体依材料可分为砖墙、石墙、夯土墙、铲山墙等类型，随地形平险、取材难易而异

• 明长城的墙体高约 3 米，过道达 10~15 米宽

• 自秦代以降，几乎历代中原王朝都会修筑长城，以防范、抵御来自草原民族的侵扰

• 长城多修筑在山脊上，易守难攻，且曲线极为优美，常有很大幅度的转弯，犹如巨龙盘旋翻转

甘肃省
宜君
合阳
白水
洛
黄
彬县
泾
山西省
铜川
陕西省
永济
河
河
麟游
河
渭南
河
潼关
河南省
秦始皇陵及兵马俑坑
咸阳
渭
西安
眉县
蓝田
户县
洛南
商洛
柞水

02 * 秦始皇陵及兵马俑坑

* Mausoleum of the First Qin Emperor

* 1987

* 文化遗产

* Cultural Heritage

• 一号俑坑呈长方形，东西长 230 米，南北宽 62 米，深约 5 米，总面积 14260 平方米，四面有斜坡门道

02

毫无疑问，如果不是1974年被偶然发现，这座考古遗址中的成千上万件陶俑将依旧沉睡于地下。第一位统一中国的皇帝秦始皇，殁于公元前210年，葬于陵墓的中心，在他周围环绕着那些著名的士兵陶俑。结构复杂的秦始皇陵是仿照其生前的都城——咸阳的格局设计建造的。这些陶俑形态各异，连同战马、战车和武器，成为现实主义的完美杰作，同时也具有极高的历史价值。

详细描述

秦始皇陵是中国现存最大的皇陵遗址。这是一处独特的建筑群，其布局与秦朝都城咸阳的布局相呼应。宫城由城垣环绕，城外还有其他护墙。同时，秦始皇陵还与一件具有普遍意义的事件相关——公元前221年，中国的领土首次由一位专制君主所创立的中央集权国家所统一。

作为中国的第一位皇帝，秦始皇嬴政早在自己达到权力顶峰之前就为自己的身后所葬之地作了安排。公元前247年，嬴政登基成为秦王时，即下令堪舆师为自己在骊山脚下选择一处合适的墓葬地点。随后，工程启建。在他兼并韩、赵、魏、楚、燕、齐等国的过程中，每当他取得一场新的政治和军事胜利，都会在陵寝建设中大兴土木。随着公元前221年秦朝的建立，皇陵的建设亦达到了空前的规模。

• ［左页图］秦代法律规定战马要经过严格的挑选，要选膘厚、善跑、机灵而有耐力的马。秦俑坑中的马完全符合当时的标准

• ［右页图］秦俑原本是彩色的，因年代久远，并历经两次大的——一次是战争，一次是水淹，使得颜色褪去

在秦始皇逝世前，来自全国各地的70万修陵人一直昼夜不息地在巨大的封土下面建造一座城市。这里的布置按比例复制了皇宫、秦帝国和天下的布局。为了防范盗墓者，墓中装设了可自动发射的武器，以保卫其中的奇珍异宝。秦始皇死后，秦二世为防止参与修造墓室的主要工匠泄密，下令将他们活埋在陵墓里。

秦始皇陵距西安35千米，其封土高达43米，蔚为壮观，标志着皇陵的所在。皇陵内层建在一个方形城垣之内，对应东西南北4个方向的城墙中间各有一个门阙。这一层城垣，被另一个南北向的长方形城垣所包围。

皇陵的地上建筑已经消失，只剩一个树木繁茂的小丘坐落在350米见方的夯土上，外观类似截去尖顶的四方锥体。来自西杨村的3个农民在距离皇陵内层东墙垣1500米处打井的时候，偶然发现了一个随葬坑，坑中有真人大小的士兵陶俑。对此发现的评估迅速展开：一号坑内包含一支由1087件士兵俑组成的军队，其中步兵和骑兵采用战斗队列，弓箭手则位于侧翼防守位。据推测，仅一号坑大概就有6000件兵马俑，长度绵延230米。目前，整个一号坑都由遗址博物馆封闭了起来。

在一号坑北侧发现的两个随葬坑中出土的物品与一号坑相似，其中二号坑出土了1500件武士俑及马俑；三号坑则出土了68件官员贵族俑及4匹陶马、1乘木质战车。这些随葬坑曾被短暂回填，其中出土的文物则在遗址博物馆大厅南北两侧的展室中展出。在封土西坡上亦有其他发现，其中最著名的当属2乘相当于实物一半大小的浇铸铜车马。

据估计，秦始皇陵兵马俑应该是代表了禁军的确切数量。近年来，考古发现揭示出了秦始皇陵的规模，这处遗址构成了世界上最壮观的考古保护区之一。

兵马俑及青铜随葬车独特的技术和艺术品质使它们成为汉代以前华夏雕塑史上的杰作。兵马俑为中国战国时代以及短命的秦帝国的军事组织架构提供了独一无二的见证。现场出土的物品（长矛、剑、斧、戟、弓、箭等）都是毋庸置疑的直接证据。

突出的普遍价值

秦始皇陵坐落在陕西省西安市东北35千米处的骊山北麓，是公元前3世纪中国历史上首个统一帝国的创立者——秦始皇的陵墓。秦始皇陵始建于公元前246年，封土现高度为43米，处于一个呈南北方向的长方形双层城垣内。秦始皇陵内近200个陪葬坑中，包含数千件实物大小的兵马俑、青铜战车以及武器，是一项举世闻名的大发现。再加上陪葬墓与建筑遗迹，在该遗产56.25平方千米的区域内，总计有超过600处遗址。根据史学家司马迁的观点，在秦始皇于公元前210年逝世前，来自全国各地的修陵人一直在昼夜不息地工作，为的是在巨大的封土下面建造一座城市。

作为历史上首位统一中国的皇帝的陵墓，秦始皇陵是中国历史上最大的陵墓。它采用了独特的形制和布局，并有大量精致的随葬品。它见证了中国历史上第一个统一的帝国——秦王朝在公元前3世纪的建立。为了修建这座陵墓，秦朝动用了空前的政治、军事和经济力量，提高了整个帝国的社会、文化及艺术水平。

• 数量众多的出土陶马，显示骑兵已成为秦国对外战争的一支重要力量

02

遗产符合的遴选标准（i）：兵马俑以及青铜随葬车独特的技术和艺术品质使它们成为汉代以前华夏雕塑史上的杰作。

遗产符合的遴选标准（iii）：兵马俑为中国战国时代以及短命的秦帝国的军事组织架构提供了独一无二的见证。现场出土的物品（长矛、剑、斧、戟、弓、箭等）都是毋庸置疑的直接证据。从战士的制服、武器到马匹的缰绳，没有任何细节被忽略，造就了一群严格写实的雕塑。这些雕塑的文献价值是巨大的。此外，从兵马俑身上亦可以了解到当时制陶和青铜工匠的工艺和技巧，这些信息的价值也是无法估量的。

遗产符合的遴选标准（v）：秦始皇陵是中国最大的受保护遗址。这是一处独特的建筑群，其布局与秦朝都城咸阳的布局相呼应。宫城由城垣环绕，城外还有其他护墙。秦始皇有着统一中国并保护它免受外族侵略之雄心，因而，他统一了国内的文字、货币与度量衡系统，而护卫这位已逝帝王的军队也因此面朝陵墓外侧。秦国都城正是秦始皇所要统一和保卫的这个国家的一个缩影。

遗产符合的遴选标准（vi）：公元前221年，中国的领土首次由一位专制君主所创立的中央集权国家所统一。秦始皇陵与这一具有普遍意义的事件相关。

- ［左页图］秦兵马俑严格模拟实物，连士兵腰间系的革带和带钩、束发用的发带以及发丝、发髻、发辫等细节都雕塑得一丝不苟
- ［右页图］兵马俑整体风格浑厚，各个人物装束、脸型、发型、体态、神韵均有差异

• 1980 年在秦始皇陵封土中出土的彩绘铜质车马。它是迄今为止中国发现的年代最早、形体最大、结构最复杂、制作最精美的铜铸车马

• 兵马俑多用陶冶烧制的方法制成，先用陶模做出初胎，再覆盖一层细泥，最后刻画加彩

内蒙古自治区
新疆维吾尔自治区
甘肃省
瓜州
玉门
敦煌
莫高窟
嘉峪关
酒泉
阿克塞
肃北
党河
北大河
疏勒河
哈拉湖
青海省

03

* 莫高窟

* Mogao Caves

* 1987

* 文化遗产

* Cultural Heritage

• 莫高窟原为"漠高窟"，意为沙漠的高处，后世因"漠"与"莫"通义同音，遂称"莫高窟"

• 隋唐是莫高窟发展的全盛时期，出现了大量的殿堂窟、佛坛窟、四壁三龛窟、大像窟等形式，并出现了前代所没有的高大塑像

03

莫高窟地处丝绸之路的一个战略要点。它不仅是东西方贸易的中转站，同时也是宗教、文化和知识的交汇处。莫高窟的 492 个小石窟和洞穴庙宇，以其雕像和壁画闻名于世，展示了延续千年的佛教艺术。

详细描述

莫高窟洞窟群代表了一种独一无二的艺术成就。其空间组织有洞有庙，共分 5 层，2000 多尊彩塑在其岩壁之上雕刻而出，之后覆以黄土，饰以彩绘。其壁画面积约为 45000 平方米，其中有许多都是中华艺术的瑰宝。

莫高窟位于敦煌东南方 25 千米处，坐落在甘肃省最西北端的沙漠中，构成了鸣沙山的东麓，前临宕泉河。悬崖之上共有 700 多个天然小洞穴和洞穴庙宇，绵延 1600 多米，构成了著名的千佛洞。这些洞窟的历史与华夏民族首次对外远征、抗击蒙古和中亚游牧民族的历史有着不可分割的联系。

公元前 139~ 前 126 年，张骞出使西域不利。在此之后，北方边境筑起了一大段长城抵御外敌。公元前 117 年，类似敦煌的军事要塞正式建立。2 年后，此类军事要塞的数量增加了一倍。从河西走廊通往绿洲的道路，位于连接中国与地中海地区的丝绸之路的中段，对于这些地方控制权的争夺是华夏统治者与游牧民族之间摩擦不断的诱因。

敦煌曾经在相当长时间内被切断了与中原王朝的联系，形成了一个颇具国际性的飞地，亚洲各民族在此融合交流。在这个商队不绝的绿洲里，众多异域宗教云集，既能看到佛教的信徒，也能看到景教以及伊斯兰教的追随者。根据一份铭文所述，佛教僧侣于公元 366 年首度开凿莫高窟，而官方直到公元 444 年才正式承认佛教的宗教地位。

不过，莫高窟的石窟寺主要建于公元 5~14 世纪，到 14 世纪时佛教已经开始衰落。公元 7 世纪时，唐朝加强了对丝绸之路的控制，中亚历史上

• 彩塑是敦煌艺术的主体，其造像除四座大佛为石胎泥塑外，其余均为木骨泥塑

几个重要的历史时刻亦出现在此时，莫高窟中表现教义的洞窟与壁画对此亦有刻画，反映了超验性的教义。

公元 790~851 年，藏族控制了敦煌地区，莫高窟中密宗的内容最早即出现在此时。党项族征服甘肃地区后，西夏喇嘛教派势力扩大，在党项的鼓励下，喇嘛教内容大幅增加。1900 年，道士王圆箓在一处洞窟中发现了 45000 件文书，这些文书正是 1036 年党项族进攻此地时被人们藏起来的。虽然这些珍贵的藏品现已散落各地，但它们仍然是研究亚洲历史的重要资料。

莫高窟与跨大陆关系史以及佛教在亚洲的传播史有着非常紧密的联系。鉴于它与华夏历史的密切关系，通过其中的壁画与雕像，莫高窟展示了延续千年的佛教艺术。此外，由于从 19 世纪末期到 1930 年，莫高窟一直有僧人居住，并由敦煌文物研究所负责管理，传统僧侣聚落的样本亦得到了保留。

突出的普遍价值

莫高窟位于甘肃省敦煌绿洲东南，开凿于宕泉河的悬崖之上，是世界上最庞大、最富饶、历史最悠久的佛教艺术宝库。莫高窟始建于公元 366 年，代表了公元 4~14 世纪佛教艺术的伟大成就。现存洞窟 700 多个，壁画 45000 余平方米，彩塑 2000 多尊。建于隋朝的第 302 窟内保存着丝绸之路上最古老也最鲜活的文化交流场景之一，描绘了一匹骆驼拉着一辆当时典型的商队货车。唐朝的第 23 窟和第 156 窟分别表现了田野中的工匠和一组战士。在宋朝的第 61 窟中所描绘的五台山的著名景色，是对中国早期地图绘制艺术的展示，其中的细节无一遗漏，大山、河流、城市、庙宇、道路和商队都详加描绘。

作为中国西北地区佛教艺术演变的见证，莫高窟具有无可比拟的历史价值。这些作品提供了大量生动的资料，从诸多角度描绘了中国古代西部地区的政治、经济、文化、艺术、宗教、民族关系以及人们的日常着装情况。

- ［左页图］佛教人物是敦煌壁画的主要题材，包括各种佛像、菩萨、天龙八部等，这些人物形象大都画在说法图中
- ［右页图］莫高窟所在的鸣沙山属玉门系砾岩，质地粗松，便于开凿洞窟

敦煌艺术独一无二的风格不仅仅是汉民族艺术传统和风格与古代印度及犍陀罗风俗的融合，更集合了土耳其、中国古代西藏以及其他少数民族艺术的特点，其中许多杰作都是无与伦比的艺术才华的结晶。

1900年莫高窟藏经洞及其中数万件文书和文物的发现，被誉为世界上有关古代东方文化最伟大的发现。这处大型遗产为研究古代中国和中亚复杂的历史脉络提供了大量珍稀的参考资料。

遗产符合的遴选标准（i）：莫高窟洞窟群共分5层，有洞窟700多个，彩塑2000多尊和彩绘约45000平方米，其中有许多都是中华艺术的杰作，代表了一种独特的艺术成就。

遗产符合的遴选标准（ii）：从北魏到蒙古人治下的元朝这期间，莫高窟在中国、中亚和印度的艺术交流中发挥了决定性的作用。

遗产符合的遴选标准（iii）：莫高窟的绘画作品为隋、唐以及宋代各朝的古代华夏文明提供了独特的见证。

遗产符合的遴选标准（iv）：千佛洞构成了佛教石窟寺的杰出典范。

遗产符合的遴选标准（v）：从19世纪末期到1930年，莫高窟一直有僧人居住并由敦煌文物研究所负责管理，保留了传统僧侣聚落的样本。

遗产符合的遴选标准（vi）：莫高窟与跨大陆关系史以及佛教在亚洲的传播史有着非常紧密的联系。敦煌绿洲的位置靠近丝绸之路中段，在长达几个世纪的时间里，拥有中转站的优势。在这里，得到交换的不仅仅是商品，还有思想，这从莫高窟内发现的汉、藏、粟特、和田、回鹘甚至希伯来文书中可见一斑。

• 莫高窟大门外的僧人圆寂塔，塔呈圆形，状近葫芦

• 据说莫高窟的开凿缘于一位法名乐僔的和尚。公元 366 年他云游到此，忽见鸣沙山上金光万道，状若千佛，心有所悟，便在崖壁上凿下了第一个石窟

• 远眺莫高窟。敦煌自古以来就是丝绸之路上的重镇，曾经颇为繁华

河北省
临清
禹城
济阳
邹平
淄博
章丘
济南
聊城
黄
河
山东省
平阴
泰山
泰安
莱芜
阳谷
河南省
东平
东平湖
大
汶
河
郓城
曲阜
蒙阴

04

* 泰山

* Mount Taishan

* 1987

* 文化与自然双重遗产

* Mixed Heritage

• 泰山日出、晚霞夕照、云海玉盘以及黄河金带并称泰山四大奇观

几千年来，庄严神圣的泰山一直是帝王朝拜的对象。山中的人文杰作与自然景观完美和谐地融为一体。泰山一直是中国艺术家和学者的精神源泉，是古代中国文明和信仰的象征。

详细描述

泰山位于山东省中部，泰安市北侧，从广袤的山东平原拔地而起。从地质角度来看，泰山是华东地区寒武纪古变质岩系统最古老、最重要的代表。泰山的地质组成被称为泰山杂岩，包含花岗岩、变质岩、沉积岩以及来源广泛的侵蚀岩体。这些侵蚀岩体形成于 1.7 亿 ~2 亿年前的太古时期，后来在原生代时，泰山地区开始抬升，这一抬升趋势一直持续到新生代中期。泰山地区所形成的片麻岩构成了整个华北地区的台基。

泰山植物生长繁茂，种群众多，植被覆盖面积达 80%，拥有 989 种植物，其中药用植物 462 种，包括何首乌、泰山参、紫草、黄精等，闻名全中国。泰山现有动物 200 多种，其中鸟类 122 种。其海拔 300~800 米处的河流中亦发现有大型鱼类。

泰山拥有深厚的文化底蕴，它们与自然景观的结合是一种珍贵的遗产。泰山的文物包括十分重要的祭祀对象、建筑群、石刻以及考古遗址。泰山是中华文明的诞生地之一，在这里发现了 40 万年前旧石器时代沂源人活动的痕迹。到 5000~6000 年前的新石器时代，泰山已成为一个重要的文化中心，拥有两种繁荣发展的文化，即分别位于泰山南北两侧的龙山文化和大汶口文化。

周朝后期的春秋时期，随着位于泰山北侧的齐国和南侧的鲁国的崛起，此地的文化创造活动出现了首次大迸发。战国时期，齐国构筑了 500 千米的长城防御楚国可能发动的兼并战争。如今，我们仍然能够看到中国历史上这条最古老的长城的遗址。

几千年来，中国历史上各朝各代都有君王登临泰山，祭祀天地或举行其他仪式。山上的石刻、碑碣和庙宇见证了他们的这些朝拜之行。而包括

• 泰山石刻现存 1800 余处，主要包括历代帝王封禅告祭文、寺庙创建重修记、石经墓铭、颂岱诗文、题景及楹联等 5 类

與國同安
壁立萬仞
紀泰山銘
置身霄漢
巖巖
聖水池

孔子在内的名人雅士则纷纷为泰山题诗作文，有些还将自己的书法留在山上。孔子的家乡曲阜距离泰山仅约 70 千米。

泰山还是一个重要的佛教及道教活动场所。公元 351 年，高僧朗公首先在泰山创建了朗公寺和灵岩寺。南北朝时期，泰山落成了玉皇寺、神宝寺、普照寺等。

唐朝宰相李吉甫把泰山灵岩寺称为天下“四绝”之一。山上的道教活动场所包括王母池、斗母宫、碧霞祠、后石坞庙、元始天尊庙等。其中王母池修建最早，在三国时期以前；碧霞祠则影响最大，大半个中国的道教建筑都受到了它的影响。

突出的普遍价值

泰山是中国最著名的圣山，拥有独特的历史、文化、美学与科学研究价值。早在新石器时代，泰山就有人类定居，大汶口遗址就在泰山附近。3000 年来，泰山一直受到人们的膜拜。泰山是一座雄伟壮观的岩石山，占地 25000 公顷，海拔 1545 米，被认为是中国景色最优美的地方之一，自古以来就是孕育东亚文化的一个重要摇篮。早在公元前 219 年以前，庄严神圣的泰山就是帝王朝拜的对象。黄帝与秦始皇都曾在泰山举行过封禅大典，上告诸神自己成功统一中国之壮举。历史上共记载了 12 位在泰山封禅的皇帝，山上现存约 1800 处石刻碑碣、22 座庙宇，使泰山成为中国历史遗迹最多的地方以及世界知名的历史文化宝库。

泰山最重要的遗迹——岱庙中存有一幅道教的绘画杰作，这就是创作于公元 1009 年的《泰山神启跸回銮图》。泰山上的石刻包括汉代的《张迁碑》《衡方碑》和《孙夫人碑》，诞生于北齐的经石峪摩崖石刻，唐玄宗御制的《纪泰山铭》以及唐代的《双束碑》等。另外，泰山还存有大量古树名木，包括种植于 2100 年前的 6 棵汉柏，种植于唐代的槐树以及种植于 500 多年前的迎客松与五大夫松。所有的建筑元素、绘画，仍然保留在原地的雕塑、石刻以及古树都与泰山的风景融合在一起。

遗产符合的遴选标准（i）：作为中国传统五大名山之一，泰山风景独特。沿着泰山天地间的 6660 级台阶拾级而上，共有大门 11 座、拱门 14 道、

- ［左页图］泰山上的建筑因山就势，巧妙地利用了自然环境
- ［右页图］泰山上的古建筑群屡经修建，如今只有少部分建筑属于明代建筑风格，而大多数属于清代建筑风格

04

小亭 14 座、亭阁 4 座。这不仅仅是建筑的成就，更是人类给这座自然奇观留下的深刻印记。其规模使这片已然存在了几千年的优美风景成为人类有史以来最宏大的景观之一。

遗产符合的遴选标准（ii）：泰山作为中国最受推崇的名山之一，几千年来为艺术的发展带来了各种广泛的影响。岱庙与供奉泰山神之女——碧霞元君的碧霞祠最早出现在泰山，在帝王统治时代，华夏大地纷纷以其为仿建对象。在带有人类痕迹的山峦意象中，优雅的桥梁、拱门或者亭阁等建筑与冷峻的松林或者险峻的岩石峭壁形成强烈的对比，而这种意象都源自泰山。

遗产符合的遴选标准（iii）：泰山是中国封建时代失落的文明，尤其是宗教、艺术与文学领域独特的见证。几千年来，泰山是皇帝作为天子举行封禅大典、礼敬天地的主要地点之一。自汉代以来，泰山就是中国思想领域基本学说——“五行说”中象征上天的五大名山之一。

遗产符合的遴选标准（iv）：泰山是圣山崇拜的杰出代表。天贶殿（建于 1008 年）位于岱庙之中，是中国古代三大宫殿之一。同样建于宋代的碧霞祠是一座典型的山地建筑群，这从其中的园林建筑布局可见一斑。灵岩寺及其中的千佛殿则是大型寺庙和宗教建筑的杰出典范，它们共同展示了唐宋时期的文化与宗教水平。

遗产符合的遴选标准（v）：泰山的自然与文化景观中包含了传统的人类聚居地。该聚居地表现为一个可以追溯到新石器时代（大汶口文化遗址）的祭祀中心。它突出地体现了不断增加的参观和旅游活动，给传统文化带来了怎样不可逆转的变化。

遗产符合的遴选标准（vi）：儒家思想的诞生、中国的统一以及中国书法和文学的诞生，这些历史事件在世界历史上具有不容忽视的重要地位，而泰山与这些事件有着直接和实质的联系。

遗产符合的遴选标准（vii）：经过近 30 亿年的自然演进，复杂的地质和生物进程造就了泰山，形成了这座雄伟壮观、植被丰富、拔地而起的岩石巨山。泰山宏伟雄峻，出色地融合了优美的自然景观与数千年来人类活动所带来的强烈文化影响。

- [左页图]“泰山”之称最早见于《诗经》，“泰”意为极大、通畅、安宁。中国古代神话传说中，盘古死后，头部化为泰山
- [右页图]泰山石刻的种类繁多，从形制上大致可分为石碣、石阙、碑刻、摩崖碑刻、墓志、经幢、造像记及石造像、画像石和题名题诗题记等

雄峙東海

• 泰山保存较好的古建筑群共有 26 处，另有寺庙数十座

• 随着帝王的封禅，儒、释、道教的相继传播，泰山建筑亦陆续营建，并始终围绕着“朝天”“升仙”“祈福”“登览”的主题

永
定
河
海淀区
门头沟区
石景山区
北京
北京市
丰台区
房山区
大兴区
周口店“北京人”遗址
周口店
拒
马
河
河北省
涿州
固安

05 * 周口店“北京人”遗址

* Peking Man Site at Zhoukoudian

* 1987

* 文化遗产
* Cultural Heritage

• 周口店“北京人”遗址位于太行山脉与华北平原的接壤处，这一地区的石灰岩裂隙和洞穴中常含有丰富的脊椎动物化石

周口店“北京人”遗址位于北京市西南约42千米处，如今遗址的科学考察工作仍在进行中。到目前为止，科学家已经发现了中国猿人属“北京人”的遗迹，他们大约生活在中更新世时代，同时发现的还有各种各样的生活物品以及可以追溯到公元前18000至前11000年的新人类的遗迹。周口店遗址不仅是有关远古时期亚洲大陆人类社会的一个罕见的历史证据，而且也阐明了人类进化的进程。

详细描述

本遗产位于北京西南42千米处，早在1921年，瑞典地质学家J.G.安特生就在这里进行了发掘。科学家先是在一处洞穴的沉积层中发掘出了原始人类的牙齿，1926年，中国学者裴文中挖掘出了一个完整的头盖骨。这一发现引发了全世界的关注，其中法国人德日进的有关研究亦作出了巨大贡献。这个发现推翻了当时人们普遍接受的人类起源年代的理论。北京猿人生活在距今70万~20万年前的中更新世，他们已经掌握了使用火的方法，还大量使用打制石器。在该洞穴及其周围区域的后续发掘中出土了大量不完整的人类骨骼。经过人类学研究发现，这些骨骼分属40多个人类个体。

另外还发现了大约10万件以打制石器为主的石器材料，还发现大量用火的灰烟遗址、烧石、烧骨、灰烬层和谷物化石等。在距离主遗址不远的另一个洞穴中，人们发现了可以追溯到公元前18000~前11000年的新人类的遗迹以及大量其他遗物，如兽牙、贝壳和小石头制成的项链、骨针等。

不幸的是，1937年日本侵华战争爆发，打断了此地的科学发掘工作并导致了灾难性的后果，之前发现的“北京人”化石有的遭到了损坏，有的下落不明。今天，只剩下在遗址博物馆内展示的化石模型和保存在瑞典的几块孤立的碎片。

战后，中国考古学家发掘出了一个完整的人类颚骨（1959年）和多块头盖骨（1966年），这些成果在一定程度上弥补了此前的损失。与此同时，中国境内的其他考古发掘发现了与“北京人”生活在同时期或者比“北京人”更古老的原始人，如1963~1964年在陕西省发现的“蓝田人”，1965年在

• 周口店“北京人”遗址背靠峰峦起伏的太行山脉，面临着广阔的华北平原

云南省发现的“元谋人”。周口店遗址见证了中更新世到旧石器时代亚洲大陆上的人类社会变迁，并且从更大范围来说，展示了人类的进化过程。我们只有借助全球范围内的大量例证，才能彻底理解这个过程。

突出的普遍价值

周口店“北京人”遗址是华北平原上的一个中更新世人类遗址。该遗址位于北京西南 42 千米，华北平原与太行山脉的接壤处。区域内丰富的水资源和天然石灰岩洞窟，为早期人类提供了理想的生存环境。遗址的科学考察工作仍在进行中。到目前为止，科学家已经在遗址内的 23 个位置发现了古人类化石、文化遗存和动物化石，其历史可追溯到距今 500 万年到 1 万年前。其中包括生活在中更新世时代（70 万 ~20 万年前）的北京猿人遗迹、距今 20 万 ~10 万年前的早期智人遗迹以及距今 3 万年前的晚期智人遗迹。与此同时，还发现了数百件动物化石，10 万件石器材料及北京人用火（火坑、灰烬层和烧骨等）的证据。

周口店作为亚洲大陆上发现的大型原始人类遗迹，展示了一种文化进化的过程，对于全世界来说都有着极为重要的地位。它不仅是亚洲大陆上史前人类社会的一个独特遗址，更展现了人类的进化过程，对于早期人类历史的研究与重建价值重大。

遗产符合的遴选标准（iii）：周口店遗址见证了亚洲大陆从中更新世到旧石器时代人类社会的发展，展现了人类的进化过程。

遗产符合的遴选标准（vi）：周口店原始人类遗址的发现以及 20 世纪二三十年代对它进行的后续研究吸引了全世界的目光，推翻了当时大众普遍接受的人类历史当中有关年代划分的理论。因此，在世界古人类学历史上，周口店的发掘与科研工作有着很高的价值，在世界科学史当中扮演了重要的角色。

- ［左页图］“北京人”化石共出土头盖骨 6 具、头骨碎片 12 件、下颌骨 15 件、牙齿 157 枚及断裂的股骨、胫骨等，分属 40 多个男女老幼个体。此处展示的为模型
- ［右页图］周口店除了“北京人”遗址、“山顶洞人”遗址、“新洞人”遗址外，还发现了距今 500 万年以来的鱼类、鸟类及兽类化石地点二十余处，并出土了相关化石

• 周口店附近山地多为石灰岩，在水力作用下，形成大小不等的天然洞穴，成为埋藏“龙骨”的仓库，该山故名龙骨山

• “北京人”的发现，将人类用火的历史提早了几十万年，他们居住过的洞穴里留下了很厚的灰烬堆

• 猿人洞是天然石灰岩溶洞，“北京人”在这里断断续续生活了近 30 万年

内蒙古自治区
吉林省
通辽
赤峰
阜新
辽
沈阳故宫
沈阳
辽宁省
河
河北省
承德
滦
营口
丹东
北京市
北京故宫
北京
河
天津市
天津
渤 海

06

* 明清故宫：北京故宫和沈阳故宫

* Imperial Palaces of the Ming and Qing Dynasties in Beijing and Shenyang

* 1987, 2004

* 文化遗产

* Cultural Heritage

• 故宫角楼与城垣、城门楼及护城河同属于紫禁城的防卫设施

06

在5个多世纪的时间里，北京紫禁城是中国的最高权力中心。它和北京城中的园林以及众多建筑一起构成了明清时期中华文明的无价见证。

沈阳故宫建于1625~1636年间，共有114座建筑，其中包括一座极为珍贵的藏书楼。在中国最后一个王朝——清朝将权力扩大到全国、迁都北京之前，沈阳故宫见证了清朝统治的建立，后来成为北京故宫的附属皇宫建筑。这座雄伟的建筑为清朝历史以及满族和中国北方其他部族的文化传统，提供了重要的历史证明。

北京故宫于1987年被列入《世界遗产名录》，2004年沈阳故宫作为其扩展项目也被列入其中，目前称为明清故宫：北京故宫和沈阳故宫。

详细描述

这两处皇家宫殿真实地保留了其景观、建筑和装饰艺术品，为明清两代的中华文明及满族人民信奉了几个世纪的萨满教的居住传统和风俗提供了特别真实的见证。它们体现了明清两代帝国建筑的雄伟壮观，展示了满族的传统，为此类建筑在17和18世纪的演进提供了佐证。

紫禁城位于天安门以北、北京市中心，是明清两代的皇宫。紫禁城现名故宫博物院，外形为长方形，是世界上最大的宫殿建筑群，占地74公顷。城墙每一侧均设有城门，四角建有角楼，从上面可俯瞰宫殿和外城的风光。

紫禁城的布局相当整齐，几乎完全对称，并且按等级高低进行布局，所有重要建筑物自北向南沿中轴线排列。太和殿、中和殿以及保和殿构成了皇帝行使其至高无上之权力的外朝。供皇室居住的内廷三大殿——乾清宫、交泰殿与坤宁宫自南向北分布于中轴线上。遵循风水原则，紫禁城的主门位于南面，北面则由人工造就的煤山“护卫”。紫禁城的建筑全面体现了中国古代宫殿建筑的特点与风格，堪称中国乃至世界建筑史上的杰作。

1406年，明成祖朱棣下旨建造一处皇宫。次年，工程启建，并于1420年完成。营建所需石料开采自北京郊区的房山。工匠们为了能在冬天运输巨大的石柱，他们往上冻的地上浇水，使其形成巨大的结冰路面，然后由数千匹马将这些石料拖过冰面，一直拖到北京城中心。木材的运输则更加

- ［左页图］故宫角楼造型优美，吸引了许多摄影爱好者前来拍摄
- ［右页图］神武门为紫禁城北门，1924年清逊帝溥仪正是由此门迁出紫禁城。1925年紫禁城被民国政府辟为故宫博物院

故宫博物院

困难。人们在四川砍伐了巨树用来建设紫禁城的主殿，但却发现这些树过于庞大，无法运输。工匠们只能等到下暴雨的时候，借助雨水的力量把这些木材冲进河里，由那里的船工将其引导进入大运河，然后一路向北漂浮到北京，并拖运至宫殿的建筑工地。

位于沈阳的清朝皇家宫殿共有 114 座建筑，其中还包含一座重要的藏书楼。在统治中国的最后一个王朝将其权力扩大到全国、迁都北京之前，沈阳故宫见证了这个王朝的建立。后来这座雄伟的建筑群成为北京故宫的附属皇宫建筑，为清朝历史以及满族和中国北方其他部族的文化传统提供了重要的历史见证。

沈阳故宫的建设始于 1625 年，完成于 1636 年。因其规模比北京故宫要小，沈阳故宫被认为是北京故宫的缩影。满族在其建设背后所施加的影响，也体现出这座宫殿与前代宫殿建筑在风格上的不同。其中轴线上的主建筑为崇政殿，是皇帝处理政务的地方。崇政殿之后是凤凰楼与清宁宫，是皇帝与妃嫔的起居之所。大政殿是东轴线上的主殿，殿前为八旗亭，供满洲八旗旗主共聚商讨国家大事以及其他重大礼仪事宜时使用。

突出的普遍价值

作为 15~20 世纪明清两代皇帝的御用居所，北京及沈阳的明清皇家宫殿是中国封建王朝晚期的国家权力中心。位于北京的明清皇家宫殿亦名紫禁城，由明成祖朱棣建于 1406~1420 年，并在之后大约 500 年里见证了 14 位明代皇帝和 10 位清代皇帝登上皇位。位于沈阳的清朝皇宫则建于 1625~1636 年，是努尔哈赤为创立清朝的女真族 / 满族先辈所建。1644 年，

• 太和门前有内金水河，河上有 5 座单孔拱券式汉白玉石桥，河水由护城河引进，曲曲弯弯，时隐时现，全长达 2000 多米

愷悌君子
四方為則
功崇惟志
業廣惟勤

清政权入主北京。沈阳故宫又称后金故宫或者盛京皇宫，1911 年之前，清朝一直将其作为陪都和皇室的行宫。北京及沈阳的明清皇家宫殿分别于 1987 年和 2004 年被列入《世界遗产名录》。

紫禁城位于北京的中心，代表了古代中国皇家宫殿发展的最高水平，通过它，世人得以深刻了解中国帝制时代末期的社会发展情况，尤其是礼仪活动与宫廷文化。紫禁城的布局与空间布置，继承并体现了中国古代城市规划与宫殿建设的传统特色，有着特征鲜明的中轴线和对称设计。其外朝在前，内廷在后，并且将可以追溯到元代城市布局的园林也包括了进来。作为古代建筑等级制度、施工技术及建筑艺术的典范，它在之后的 300 多年时间里深刻影响了清朝的官方建筑。其宗教建筑，尤其是宫内的一系列皇家佛堂吸收了丰富的民族文化特色，展现了满、汉、蒙以及西藏地区民族 14 世纪以来在建筑领域的融合与交流。同时，紫禁城内藏有 100 多万份皇家收藏品和皇室所使用过的物品、大量古代工程技术领域的书面记录、图纸和模型等档案材料，为明清两代的宫廷文化、律法及工程技术情况提供了佐证。

沈阳故宫在遵循中国宫殿建筑传统的同时，也保留了传统满族民居的典型特征，并且融合了汉、满以及蒙古族等少数民族文化的建筑艺术特点。满族社会有着一种名为“八旗制度”的严格社会组织制度，沈阳故宫的建筑布局即遵循了这一制度，在众多宫殿建筑当中独具一格。其中的清宁宫是供皇帝使用的祭祀之处，为满族人民信奉了几百年的萨满教风俗提供了佐证。

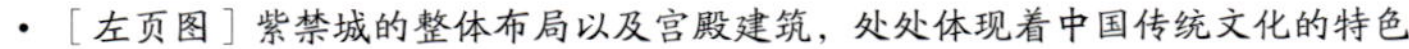

- [左页图] 紫禁城的整体布局以及宫殿建筑，处处体现着中国传统文化的特色
- [右页图] 沈阳故宫凤凰楼

遗产符合的遴选标准（ii）：这些皇家宫殿建筑群的建筑，尤其是沈阳故宫，展示出传统建筑及中国宫殿建筑——尤其是 17 和 18 世纪时传统建筑与中国宫殿建筑的相互影响。

遗产符合的遴选标准（iii）：这些皇家宫殿真实保留了原初的景观、建筑、装饰和艺术品，为明清两代的中华文明以及满族人民信奉了几个世纪的萨满教的居住传统和风俗提供了独特的佐证。

遗产符合的遴选标准（v）：这两处皇家宫殿是中国宫殿建筑群的杰出代表，体现了元、明、清三代帝国建筑的雄伟壮观，展示了满族的传统，为此类建筑在 17 和 18 世纪的演进提供了佐证。

- ［左上图］沈阳故宫崇政殿（爱新觉罗・玉明／FOTOE）
- ［左上图］沈阳故宫大政殿的雕龙（爱新觉罗・玉明／FOTOE）
- ［右页图］沈阳故宫八旗亭与敬典阁（爱新觉罗・玉明／FOTOE）

故宫内的栏杆全部由汉白玉雕琢而成，代表着皇家至高无上的尊贵

• 俯瞰冬日雪后的紫禁城，银装素裹，巍峨殿宇和黄瓦飞檐连绵成片，如画卷般铺开

宫博物院

• 在故宫周围保留有一圈完整的护城河，河宽 52 米，周长 3840 米。护城河除了防卫之外，还有防火和为故宫提供水源之用

• 太和门为紫禁城外朝宫殿的正门，面阔九间，进深三间，建筑面积 1300 平方米，堪称中国古代规格最高的门

铜陵
宣城
怀宁
泾县
宁国
池州
江
安庆
安徽省
旌德
武昌湖
长
黄山
东至
浙江省
祁门
黟县
歙县
黄山
江西省
新安江水库

07

* 黄山
* Mount Huangshan

* 1990

* 文化与自然双重遗产
* Mixed Heritage

• 缥缈的云雾和峥嵘的山峰相互依托，仿佛一幅优美的中国山水画

黄山被誉为“震旦国中第一奇山”，在中国历史上的鼎盛时期，通过文学和艺术的形式（例如16世纪中叶的“山”“水”风格）受到广泛的赞誉。今天，黄山以其壮丽的景色——生长在花岗岩石上的奇松和浮现在云海中的怪石而著称，对于从四面八方来到这个风景胜地的游客、诗人、画家和摄影家而言，黄山具有永恒的魅力。

详细描述

在中国，黄山以其景色之奇绝名冠天下，它有着复杂而又引人入胜的地质演变历史，拥有无数壮丽的山峰。这些山峰诞生于大约1亿年前的中生代，当时由于地壳运动和抬升，古长江消失，黄山形成。这个地区的地形地貌无疑有着很高的科学价值，特别需要指出的是其冰川运动所造成的地貌特点——地质构造活动造成的褶皱与断层以及拥有钙华浅滩、瀑布和阶状湖的高海拔喀斯特地貌。从审美角度来看，黄山上高山、森林、湖泊、阶状湖、瀑布与钙华浅滩交织，景致可谓独一无二。黄山丰富的色彩也非常引人入胜。许多湖泊湖水清澈，或若蓝玉，或如翡翠。到了秋天，树叶色彩变幻，多彩多姿。黄山拥有丰富的动植物物种，其中包括很多濒危物种。

第四纪冰川运动给黄山留下了“U”形山谷、条痕与众多巨石。黄山还有无数石柱，状如森林，此外它还以各种造型奇特的怪石、瀑布、湖泊和温泉而闻名。黄山上最古老的岩石是古长江留下的沉积岩，这些岩石形成于5.7亿年以前的原生代，裸露于黄山南侧山脚下以及逍遥溪断层以南。造山运动期间形成的花岗岩拥有垂直节理发育的特征，构成了众多壮观的洞穴、山脊和峡谷。

森林覆盖了黄山一半以上的区域，海拔800米以下主要是马尾松，海拔800~1800米则主要是黄山松。常绿湿润森林主要出现在海拔600~1000米，

• 冬天的山间雾气较重，所以云海出现的几率高，并且保持时间较长

07

落叶林生长在海拔 1100~1800 米之间，林木线以上则是高寒草原。黄山已记录的植物有 1650 种，其中 1450 种为本土植物，其余则是在近 20 年来引种培育的。黄山拥有众多古树名木，它们或有着古老的树龄，或有着奇特的造型，还有的则生长在极为陡峭的地方，其中包括已有千年树龄的黄山松、白果树以及高山柏等。

在黄山上还生活着哺乳动物、鸟类、爬行动物、两栖动物以及鱼类等 300 多种动物，其中有 13 种为国家级保护动物。大型哺乳动物包括猕猴、黄山短尾猴、亚洲黑熊、豺、麝猫、鼬獾、云豹、野猪、梅花鹿、鬣羚、赤腹松鼠、隐纹花松鼠以及穿山甲等。在黄山生活的鸟类当中，有著名的东方白鹳。

在中国历史上，黄山被赋予了崇高的地位，黄山文化因而诞生。一代又一代文人墨客不断地赞颂黄山，创造了丰富的艺术与文化遗产。正如典型的中国山水画所表现的那样，黄山被认为是中国风景的经典。公元 747 年 6 月 17 日，唐朝皇帝钦定黄山为现名。不过在此之前，黄山的大部分区域对外界来说都是难以踏足的。但从那时开始，文人雅士与无数游客纷至沓来。到元代，黄山上已建起了 64 座寺庙。及至明代，1606 年高僧普门来到黄山，建立了法海禅院和文殊院，并在山石上凿出台阶，将两所寺院连接起来。早在 16 世纪中叶，就出现了以黄山为主题的绘画作品。

突出的普遍价值

黄山常常被誉为“震旦国中第一奇山”，自唐代以来，黄山在中国的艺术和文学史上就一直扮演着举足轻重的角色。传说公元 747 年，此地发现了世人找寻已久的可令人成仙的长生不老之药。这个传说给黄山带来了它现在的名字，并且确立了它在中国历史上的地位。黄山风光壮丽多姿，山峦起伏，无数花岗岩构成的山峰掩映在永恒的云海之中，其中许多都有 1000 多米高，吸引了众多归隐之士、诗人以及山水画画家。从 16 世纪的明代开始，黄山的景观及山中无数造型古怪的奇石和沧桑古树激发了影响力

• 黄山上的怪石和青松在云海中时隐时现，更增加了黄山的美感

颇大的山水画派的灵感，为世界艺术创作领域增添了东方风景的一种基本表现形式。

黄山位于中国安徽省，山地属湿润的亚热带季风性气候。黄山占地15400公顷，缓冲区为14200公顷。黄山对于中国的植物丰富性以及大量的地区或国家特有植物物种的保护来说，都具有突出的重要性，那里的许多特有物种都属于濒危物种。

遗产符合的遴选标准（ii）：黄山的优美景色最早是在唐代进入中国的艺术创作当中的，自此以后，一直备受推崇。黄山于公元747年由皇帝钦定现名，此后吸引了大量访客，其中包括归隐之士、诗人以及画家等。黄山的景观充满艺术感，文人雅士纷纷通过绘画与诗歌表达对黄山的尊崇，从而使黄山成为一个具有重要意义而且含义丰富的艺术与文学主题。在元代，有64座庙宇落成于黄山。1606年，普门禅师来到黄山修建了法海禅院和文殊院。到明代时，黄山已成为中国风景画家最喜爱的主题之一，形成了极具影响力的山水画派。如何展现黄山这个奇美的环境中人与自然的互动，激发了中国一代又一代艺术家与作家的灵感。

遗产符合的遴选标准（vii）：黄山以其壮丽的自然风光名播天下，这里有雄伟的花岗岩巨石以及历经沧桑的古松，山中的云雾更增其奇美。在复杂的地质演变过程中形成的天然石柱、造型怪异的奇石、瀑布、洞穴、湖泊与温泉构成了黄山景观的特色。黄山拥有无数雄伟的山峰，其中有77座海拔超过1000米，最高的莲花峰高达1864米。

遗产符合的遴选标准（x）：黄山拥有丰富的植物资源，拥有中国苔藓类植物物种总数的三分之一和蕨类植物的二分之一。其中13种蕨类植物和6种高等植物为黄山所特有，另外在黄山还有许多当地或中国特有的植物物种。除了独特的植物资源，在黄山还生活着300多种重要的动物，其中包括48种哺乳动物、170种鸟类、38种爬行动物、20种两栖动物以及24种鱼类。黄山的国家级保护动物共有13种，其中包括云豹和东方白鹳。

- ［左页图］猴子观海，黄山著名的怪石之一。在狮子峰北一座平顶的山峰上，石头如猴蹲坐，静观云海起伏
- ［右页图］黄山飞来石。巨石高12米，重约360吨，竖立在一块平坦岩石上，仿佛天外飞来，故名“飞来石”

• 黄山年平均有雾凇 62 天，大部分是粒状雾凇，通常气温在零下 2℃ ~7℃时就能形成

• 当山中雾气较重时，很多水滴会慢慢凝结成冰挂，挂满树枝

• 黄山百步云梯在莲花峰西北麓的峭壁上，这里山势高峻，千峰万壑，常常云雾笼罩

• 黄山山体主要由燕山期花岗岩构成，垂直节理发育，侵蚀切割强烈，断裂和裂隙纵横交错

青海省
甘肃省
礼县
玛曲
迭部
舟曲
若尔盖
陇南
九寨沟
陕西省
黄龙风景名胜区
红原
松潘
四川省
平武
广元
黑水

08

* # 黄龙风景名胜区
* Huanglong Scenic and Historic Interest Area

* 1992

⊙

* 自然遗产
* Natural Heritage

• 黄龙风景名胜区以彩池、雪山、峡谷、森林“四绝”著称于世

黄龙风景名胜区位于四川省西北部，是由众多雪峰和中国最东边的冰川组成的山谷。除了高山景观，人们还可以在这里发现各种不同的森林生态系统及壮观的石灰岩构造、瀑布和温泉。这一地区还生存着许多濒临灭绝的动物，包括大熊猫和四川疣鼻金丝猴。

详细描述

黄龙世界遗产位于岷山山脉南部，四川省会成都以北 / 西北，距离约150 千米，由黄龙本部和牟尼沟两部分组成。

黄龙的地震构造活动相当频繁。能量的释放造就了大量险峰奇崖，这在涪江流经丹云峡处表现得尤为突出。林线以上是大片崇山峻岭，常年被积雪所覆盖。雪宝顶终年积雪，是中国最靠东方的冰川。大量的钙化沉积物，尤其是在 3600 米长的黄龙沟中密集分布着钙华水池的多个区域，具有极高的地质学价值。水藻和细菌在很多水池中大量繁殖，造就了水池从橙到黄、到蓝再到绿的缤纷色彩。其他喀斯特地貌包括长长的石灰石滩，其中最著名的是黄龙沟中的金沙铺地。这些都是大面积的活性石灰石沉积层，表面被浅浅的流水所覆盖。

涪江的源头位于雪山，其上游的主要支流则出自黄龙本部。一年之中，水流量随季节变化，其中 5 月到 7 月汛期的流量最大。深层地下水亦上升形成了许多低温温泉。

牟尼沟由两条平行小沟——扎嘎瀑布和二道海组成。这里有两片重要的温泉区——翡翠温泉与煮珠湖。温泉水中含有丰富的矿物质，被认为具有重要的药用价值。

黄龙处于中国东部湿润森林区与青藏高寒高原亚高山针叶林草甸草原灌丛区的过渡带，靠近东亚、喜马拉雅、北半球亚热带以及热带四大植被带的交叉地区。其海拔 1700~2300 米是一条森林混合带，以铁杉、云杉以及 3 种枫树为主；海拔 2300~3600 米则主要生长着以云杉、冷杉、落叶松

• 由于水藻和细菌的大量繁殖，造就了黄龙沟钙华水池的缤纷色彩

和桦树为主的高山针叶林；海拔 3600~4200 米，森林被以灌木和青草为主的高山草甸所取代；海拔 4200~4800 米，植被变得更加稀疏，但仍有灌木；海拔 4800 米以上冰雪终年不化。

在有记录的生活在黄龙的动物物种中，有很大一部分是濒危哺乳动物，如著名的大熊猫、四川疣鼻金丝猴、棕熊、亚洲黑熊、豹、兔狲、豺、小熊猫、四川扭角羚、鬣羚、斑羚、盘羊和 3 种鹿。

历史概述

黄龙风景区于 1982 年成立，这里的大部分区域千百年来一直受到良好的保护。其原因有二，一是黄龙大部分地区人类难以踏足；二是黄龙在当地文化和藏族宗教当中有着崇高的地位。1982 年，黄龙被列为国家级风景名胜区。1987 年 1 月，四川省政府给予整个景区法律保护地位。1992 年，根据所符合的标准，黄龙一级和二级保护区取得世界自然遗产地位。

突出的普遍价值

黄龙风景名胜区位于四川省西北部，拥有众多钙华彩湖、瀑布、森林与山景，是一处绝佳的自然遗产。终年积雪的山峰高达 5588 米，俯视着山下海拔 1700 米的盆地，其中有着中国位置最靠东的冰川。黄龙占地 6 万公顷，属于岷山山脉，同时拥有壮观的石灰岩构造和温泉。其多样的森林生态系统为很多濒危动植物提供了生存家园，其中包括大熊猫和四川疣鼻金丝猴。

遗产符合的遴选标准（vii）：黄龙以其优美多山的景色闻名于世。其森林生态系统相对来说保持了原貌，多样性程度极高。黄龙当地还拥有独特的喀斯特地貌，如钙华彩湖、瀑布和钙华滩等，十分壮观。黄龙的钙华阶地和湖泊在整个亚洲都是独一无二的，是该现象的世界三大代表之一。

• “金沙铺地”是一道长约 1500 米、宽 70~120 米的钙华流河滩，在目前世界上发现的同类形态中最壮观、最长，色彩最丰富

• 黄龙彩池系硬水型钙华池，透明度高，加之空气洁净度很高，使湖泊水体的颜色呈现出蓝色的基调

• 黄龙钙华景观类型齐全，是一座名副其实的天然钙华博物馆

• 黄龙沟连绵分布钙华段长达 3600 米，最长钙华滩长 1300 米，最宽 170 米；彩池数多达 3400 个

青海省
甘肃省
礼县
玛曲
迭部
舟曲
黄
河
若尔盖
九寨沟风景名胜区
陇南
九寨沟
嘉
陕西省
陵
红原
岷
松潘
四川省
江
平武
广元
江
黑水

09 * 九寨沟风景名胜区

* Jiuzhaigou Valley Scenic and Historic Interest Area

* 1992

⊙ * 自然遗产

* Natural Heritage

• 九寨沟的水中树，是由于自然、雷电、人工砍伐等原因，树木倒伏在水中，经过长时间浸泡，叶子被水荡尽，而留下了完整的树干

九寨沟位于四川省北部，面积约 72000 公顷，曲折狭长的九寨沟山谷海拔约 4800 米，因而形成了一系列多样的森林生态系统。壮丽的景色因一系列狭长的圆锥状喀斯特地貌和壮观的瀑布而更加充满生趣。山谷中现存鸟类约 140 种，还有许多濒临灭绝的动植物物种，包括大熊猫和四川扭角羚。

详细描述

九寨沟世界遗产位于岷山山脉南部，距离四川省会成都约 330 千米，包括树正沟、日则沟与则查洼沟。

九寨沟位于青藏板块向扬子板块过渡带的边缘，大型断层线从中穿过。这里地震多发，是其地质景观形成的主要因素。九寨沟的高海拔喀斯特地貌深受冰川、水文以及构造活动的影响，具有很高的地质学价值。

众多的海子是九寨沟一绝，其中许多是典型的带状湖，位于冰川作用形成的山谷的谷底，由天然水坝拦截形成。这些天然水坝因碳酸盐沉积作用稳固下来。雪崩造成的落岩后面就可以见到这样的湖泊。钙华堤坝和浅滩在河流上游或者下游一侧造就了很多这样的海子。在树正沟和诺日朗瀑布这两个地方，有一系列阶梯式瀑布，看起来就像被这些钙华堤坝分隔而成的阶地一样。两地分别拥有 19 个和 18 个海子，可以媲美九寨沟南侧的黄龙景区内的钙华彩湖。从地质学角度来看，这些海子并未完全形成，但有着更大的规模。

此外，九寨沟还拥有大量壮观的大型瀑布，包括熊猫海瀑布以及珍珠滩瀑布。珍珠滩是九寨沟世界遗产中两大钙华浅滩之一，其下游末端即是珍珠滩瀑布的所在地。

九寨沟水系主要由 3 条山谷组成。日则沟和则查洼沟从九寨沟南侧流出，并在九寨沟中部汇流，形成树正沟。

九寨沟大部分地区的土壤都或多或少源自石灰岩，不过色彩和质地并不一致，其酸碱度均为中性到弱碱性。在海拔较高的山坡上，土壤的成熟度较差。

- ［左页图］水流在倾斜而凹凸不平的钙华滩面上流淌，滋润着万物
- ［右页图］丰富的植物资源和较高的海拔增加了九寨沟动物种群的多样性

UNESCO

丰富的植物资源以及较高的海拔无疑增加了九寨沟动物种群的多样性。虽然没有详细的相关调查记录或目录，但在九寨沟至少生活着 10 种哺乳动物，其中包括著名的大熊猫、疣鼻金丝猴、小熊猫、四川扭角羚、鬣羚、斑羚以及白鼻鹿。

记录显示九寨沟有 141 种鸟类，其中 13 种属于地区濒危物种，包括绿尾虹雉、灰腹噪鹛以及一种鬼鸮。

突出的普遍价值

作为保护区，九寨沟风景名胜区拥有非凡的自然风光，壮观的高山绵延起伏，高山周围的风景犹如仙境，有众多海子、湖泊、瀑布、石灰石阶地、洞穴等美景。湖水清澈见底，色彩多姿，或碧蓝、翠绿又或透紫。九寨沟拥有大量喀斯特地貌，对于高山喀斯特水文和研究来说是一个名副其实的“自然博物馆”。九寨沟位于四川省北部，坐落于岷山山脉南段，最高海拔约 4800 米，占地约 72000 公顷，保存了包括原始森林在内的一系列重要森林生态系统，为大熊猫和扭角羚等众多濒危动植物物种提供了生存栖息地。九寨沟拥有大量保存良好的第四纪冰川遗迹，具有很高的景观价值。

遗产符合的遴选标准（vii）：九寨沟以其优美壮观的风光闻名天下。其景色犹如仙境，拥有众多海子、瀑布、石灰石阶地等美景。其水系清澈迷人，富含矿物质，掩映在壮观的崇山峻岭之间。九寨沟还拥有大量迥异的森林生态系统，展现出非凡的自然风光。

- ［左上图］九寨沟湖水清澈透明，呈现出一种瑰丽的宝蓝色
- ［左下图］九寨沟原始风光秀丽，湖水的洁净度和透明度极高
- ［右页图］湖底的钙华沉积和各种色泽艳丽的藻类以及沉水植物的分布差异，使一湖之中分成许多色块

• 九寨沟原始森林面积广大，水边灌木丛生，是一处绝世美景

• 九寨沟地处岷山山脉南段尕尔纳峰北麓，是长江水系嘉陵江源头的一条支沟，也是青藏高原向四川盆地过渡的地带，地质结构复杂

• 九寨沟的水色黛蓝、翠绿，晶莹剔透，一年四季、一日之中都变幻无穷

• 春天冰雪消融，流水与冰雪一起交织成一个璀璨耀眼的冰晶世界，蔚为奇观

宜都
荆州
五峰
湖北省
宣恩
松滋
公安
澧县
武陵源风景名胜区
武陵源区
慈利
临澧
安乡
张家界
湖南省
常德
永顺
桃源
汉寿
保靖

10 * 武陵源风景名胜区

* Wulingyuan Scenic and Historic Interest Area

* 1992

⊙ * 自然遗产

* Natural Heritage

武陵源的山峰多分布在海拔 500~1100 米的地方，高度由几十米至 400 米不等

• 武陵源地形复杂，气候温和，雨量丰富，生长着原始次森林植物群落，其中武陵松是本地区特有的植物

河南省
内乡
郧西
郧县
陕西省
白河
十堰
丹江口
武当山古建筑群
老河口
竹溪
竹山
湖北省
谷城
房县
保康
汉水
堵河
丹江
丹江口水库
北河
淄河

11 * 武当山古建筑群

* Ancient Building Complex in the Wudang Mountains

* 1994

* 文化遗产

* Cultural Heritage

• 武当山古建筑群在缥缈的雾中亦真亦幻，仿若仙境

武当山古建筑群体现了杰出的建筑艺术和技术，代表了近千年的中国艺术和建筑所取得的最高水平。这些建筑是宗教和世俗建筑的典型代表，与道教在中国的发展有着紧密的联系，并且得到了历代帝王的大力支持。作为一个规模超群、保存良好的道教建筑群，武当山古建筑群是研究明代早期政治情况及中国宗教历史的重要证据。

详细描述

武当山古建筑群的宫殿和庙宇构成了这一组世俗和宗教建筑的核心，集中体现了中国元、明、清三代的建筑和艺术成就。古建筑群坐落在沟壑纵横、风景如画的湖北省武当山中，在明代逐渐形成规模，这些建筑代表了近千年来中国艺术和建筑的最高水平。

武当山又名太和山，位于湖北省丹江口市，最高峰是海拔 1612 米的天柱峰，周围围绕着七十二峰和二十四涧。这里的宫殿和庙宇构成了整个古建筑群的核心，坐落在沟壑与琼台之上，整齐地与自然景观融为一体，借由神道相互连通。

为纪念刺史姚简祷雨应验，唐太宗下令在武当山兴建了五龙祠。不久，山上又建起了太乙宫、延昌宫以及落成于公元 869 年的威武宫。1018 年，宋真宗将五龙祠改为五龙观，他的继承人则在展旗峰下兴建了紫霄宫，之后山上兴建了老君堂。1304 年，武当山开始被称为“福地”，同时期，山上建成了天乙真庆宫石殿、玉虚宫、雷神洞、隐仙岩等。明成祖朱棣登基后，开始在武当山大兴土木。工程总共使用了 20000 名工匠，耗费了 12 年时间才完成，共建成九宫、九观、三十六庵堂、七十二岩庙及 100 多座石桥，分为 33 组建筑群。

在明代落成的大批建筑群当中，现存 4 座道教宫殿（其中 3 座已成废墟），另有 2 座寺庙以及许多宫观岩庙。金殿坐落在天柱峰顶的石筑平台正中，为铜铸仿木结构宫殿式建筑。金殿高 5.54 米，四周的立柱支撑着重檐叠脊，这是一种仅有皇家建筑才能使用的形式。整个宫殿装饰繁复，雕梁画栋。古铜殿位于小莲峰峰顶，建于 1307 年，同为铜铸仿木结构宫殿式建筑，是中国最早的铜铸建筑。天柱峰附近的紫金城始建于 1419 年，其四扇木制大门象征天阙。紫霄宫建于 1119~1126 年，复建于 1413 年，并在 1803~1820 年得到了扩建，是武当山上规模最宏大、保存最完整的古建筑群。紫霄宫的中轴线上有 5 级阶地，各级阶地均配有大殿，大殿两侧建有楼阁及配房供道人起居生活。它的主体建筑为木构梁柱建筑，名为紫霄殿，雕画繁复之至，尤以屋顶为甚，上面全部覆盖孔雀蓝琉璃瓦和雕花脊瓦。南岩宫建于 1285~1310 年，并于 1312 年得到扩建，共有 21 栋建筑。其主要建筑包括天乙真庆宫石殿、两仪殿、八卦亭、龙虎殿、大碑亭和南天门等。

龙头香为石质结构，悬空俯瞰一道深谷。其远端雕刻为龙首状，其中放置了一座香炉，龙头香的设计与构造具有特殊的艺术和技术价值。复真观位于狮子峰前，建于 1412 年，并于 1683 年扩建。复真观建筑群中轴线上坐落着照壁、焚帛炉、龙虎殿以及太子殿。“治世玄岳”牌坊位于前神道与主路的交叉点，标志着进入武当山的第一道门户。此门建于 1552 年，为石制仿木结构。牌坊镌镂精巧，上刻龟、龙、鹤、植物、祥云、波浪及神仙等形象。

- ［左页图］武当山古建筑群将自然景观与人文景观和谐地融为一体
- ［右页图］太和宫位于武当山天柱峰南侧，是武当山的最高胜境

历史概述

武当山古建筑群始建于唐代早期。为纪念刺史姚简祷雨应验，唐太宗下令兴建了五龙祠，很快，山上又建起了太乙宫、延昌宫。1018 年，宋真宗将五龙祠改为五龙观，宋徽宗在展旗峰下兴建了紫霄宫，之后山上又兴建了老君堂。

元代时，皇帝依赖道教获取支持，元世祖对五龙祠进行了扩建，改祠为宫。元仁宗因生日与玄武神生日相同，故赐额于五龙宫，显示其为天神下凡。1304 年，武当山开始被称为“福地”，同时期，山上建成了天乙真庆宫石殿、玉虚宫、雷神洞、隐仙岩等。

明成祖朱棣登基后，昭告天下自己称帝乃是“君权神授”，自己受道教真武大帝的庇护。为报答神恩，他命驸马沐昕、工部侍郎郭琎、礼部尚书金纯率 400 名官员负责武当山道场的营建工作。工程总共使用了 20000 名工匠，耗费了 12 年时间才完成，共建成九宫、九观、三十六庵堂、七十二岩庙及 100 多座石桥，分为 33 组建筑群。1416 年，朱棣又发配 3000 多名罪犯到当地务农，供养道人。他还免除了当地居民的徭役，在此大举屯兵，并派遣工匠维持此地庙宇宫殿的整洁。全国各地的道长真人都被召集到这里，在主要的宫殿道观里任长老。他还告谕天下，称武当山为“神山”。此后，明朝历代君王都会派遣自己最宠信的宦官去武当山拜祭，并拨款用于各个建筑的维护。1552 年，明世宗命工部侍郎陆杰负责武当山的重修工作。在他的领导下，100 多名官员和来自 60 多个府州的工匠在武当山修筑了将近两年时间，后立“治世玄岳”牌坊来纪念这一壮举。

明代时，武当山道观拥有土地 4000 多公顷，生活着数千名道人，有关武当山的诏书颁发了 369 道。张守清、陆大有、王震等武当山名道誉满天下。

突出的普遍价值

武当山古建筑群的宫殿和庙宇位于湖北省武当山上风景如画的高峰与沟壑之间。武当山自唐代早期成为道教名山，其中有些道教建筑的历史可以追溯到公元 7 世纪。不过，武当山的现存建筑集中体现了中国元、明、清三代世俗和宗教建筑的特色和艺术成就。明成祖朱棣为证明其统治与道教的渊源而大建武当山，因此武当山的古建筑群在明代发展达到极盛，共有九宫、九观、三十六庵堂及七十二岩庙。今天，武当山共存有 53 处古建筑与 9 处建筑遗址，包括金殿、古铜殿、紫金城、紫霄宫、南岩宫、复真观与“治世玄岳”石坊。其中，古铜殿建于 1307 年，建筑的各部件为铜铸构件预制而成。紫金城建于 1419 年，其墙壁为条石砌成。紫霄宫始建于 12 世纪，15 世纪重建，并在 19 世纪得到了扩建。南岩宫建于 12~13 世纪。复真观则建于 15~17 世纪。1522 年，武当山入山处建“治世玄岳”石坊，标志其入口。

武当山古建筑群体现了杰出的建筑艺术和技术，代表了近千年来中国艺术和建筑的最高水平。这些建筑是宗教和世俗建筑的典型代表，与道教在中国的发展有着紧密的联系，并且得到了历代帝王的大力支持。作为一个规模超群、保存良好的道教建筑群，武当山古建筑群是研究明代早期政治情况及中国宗教历史的重要证据。

遗产符合的遴选标准（i）：武当山古建筑群代表了近千年来中国艺术和建筑的最高水平。

遗产符合的遴选标准（ii）：武当山古建筑群对于中国宗教、公共艺术及建筑的发展产生了极大的影响。

遗产符合的遴选标准（vi）：武当山的宗教建筑群是道教的中心。道教是东方的主要宗教之一，在该地区的宗教信仰和哲学发展史上影响深远。

• 武当山主要宫观建筑在内聚型盆地或山肋台地之上，庵堂神祠分布于宫观附近，自成体系，岩庙则占峰踞险

• 宫观依山而建，背靠岩壁，面临百丈悬崖，从远处眺望，四周云雾缭绕，有如空中楼阁

轉運殿

• 太和宫的整座建筑处于孤峰峻岭之上，殿宇楼堂依山势而建

Lingguan Hall
dedicated to Wang Lingguan
god. Armed with armor and a whip,
and dignified. It is believed those
sinners can never escape the
They would be whipped off
the door-posts of the hall there is a
couplet meaning "You dear-
wrongdoings" and the top
meaning "Punish the vice and reward
灵官殿
聖旨

• 位于金顶的灵官殿是依岩建置的小石殿，这里幽暗阴森，石冷袭人

申扎
纳木错
当雄
嘉黎
工布江达
拉萨布达拉宫历史建筑群
拉萨
林芝
日喀则
雅鲁藏布江
西藏自治区
康马
措美
岗巴
错那
亚东

12 * 拉萨布达拉宫历史建筑群

* Historic Ensemble of the Potala Palace, Lhasa

* 1994, 2000, 2001

⊙ * 文化遗产

* Cultural Heritage

• 布达拉宫整座宫殿具有藏式风格，高 200 余米，外观 13 层，实际只有 9 层

12

布达拉宫自公元7世纪起就成为历代达赖喇嘛的冬宫，象征着藏传佛教在历代行政统治中的中心地位。布达拉宫坐落在拉萨河谷中心海拔3700米的红山之上，由白宫和红宫及其附属建筑组成。大昭寺也建造于公元7世纪，是一组极具特色的佛教建筑群。建造于18世纪的罗布林卡，曾经是达赖喇嘛的夏宫，也是西藏艺术的杰作。这3处遗址的建筑精美绝伦，设计新颖独特，加上丰富多样的装饰以及与自然美景的和谐统一，更增添了其在历史和宗教上的重要价值。

详细描述

布达拉宫始建于公元7世纪吐蕃王朝松赞干布统治时期。17世纪中叶，五世达赖喇嘛在一场持续了30年的运动中对其进行了重建。之后经过不断翻新和扩建，布达拉宫有了现在的规模。

布达拉宫位于拉萨河谷中心海拔3700米的红山之上，占地13余万平方米，高110多米。通过“之”字形的上山磴道可以抵达白宫正前方的露天广场。其中央部分为东大殿，是举行各种大型典礼仪式的地方。达赖喇嘛的宝座位于东大殿北侧，墙壁上画满了描绘历史和宗教主题的壁画。白宫最顶层是达赖喇嘛的寝宫。

红宫位于白宫西侧，是历代达赖喇嘛灵塔殿的所在地，宫中也有许多供奉佛像的大殿和经堂。红宫西侧是扎厦，是达赖喇嘛的私人佛堂。布达拉宫建筑群的其他重要组成部分，还包括南北两侧的广场以及恢宏的宫墙。这些宫墙由夯土和巨石建造而成，东、南、西三侧城墙上均设有宫门。

大昭寺始建于公元7世纪的唐代。佛教初入西藏时，得到了西藏政权的大力支持。

传说，文成公主用来拉着释迦牟尼佛像的马车陷入了卧塘湖的淤泥中，

• 公元631年，布达拉宫由吐蕃松赞干布兴建时曾有宫殿999间，加上修行室共1000间

卦象显示此地是龙神宫殿的所在地，只有建造一座寺庙才能镇住其恶，于是人们选择此地建造了大昭寺。大昭寺始建于公元 647 年，并在 11 世纪早期进行了首次重建。13 世纪中叶，萨迦王朝统一西藏，此时大昭寺也得到了一系列扩建，包括扩建释迦牟尼佛殿，建造新寺庙入口等。

大昭寺位于拉萨旧城区中心，主要包括一个入口门廊、一座庭院和佛堂，四周环绕着供僧人生活起居的设施及仓库。各建筑均为木石结构。

罗布林卡的修建始于 1751 年的乌尧颇章。历代达赖喇嘛不断在此兴建亭阁、宫殿和大殿，将其建成了自己的夏宫。很快，这里成为西藏除布达拉宫之外一个新的宗教、政治和文化中心。罗布林卡意为“宝贝园林”，位于布达拉宫以西约 2000 米的拉萨河畔，包括一座规模宏大的园林及众多宫殿楼阁，占地约 36 公顷，共分为 5 个部分。

历史概述

布达拉宫

*

历史文献显示，布达拉宫始建于公元 7 世纪吐蕃王朝松赞干布统治时期。17 世纪中叶，五世达赖喇嘛对其进行了重建。之后经过不断翻新和扩建，布达拉宫有了现在的规模与布局。

松赞干布在西藏的政治、经济及文化发展史上扮演了一个举足轻重的角色。同时，他也鼓励加强西藏与中原地区的联系。他统一了西藏，并且出于政治和军事考虑将都城由泽当迁到拉萨。在这里，他在城市中心的红山上建造了一座宫殿，迎娶了尼泊尔的尺尊公主及唐朝的文成公主。据记载，他的宫殿规模宏大，外有 3 道城墙，内有千间宫室，其中有一间宫室位于红山的顶峰。公元 9 世纪，吐蕃王朝灭亡后西藏社会陷入了长期的动乱。

• 拉萨是藏传佛教的圣地，布达拉宫则是圣地的中心，犹如观世音菩萨居住的普陀山，“布达拉”即为“普陀”之意

在此期间，时称红山宫的布达拉宫亦年久失修。不过，它后来开始扮演宗教建筑的角色。12世纪时，噶当派僧人琼布扎色曾在此传教。之后，楚布噶玛巴、格鲁派的创始人宗喀巴及其弟子亦曾在此传教。

15世纪时，格鲁派在西藏迅速扩张并取得了主导地位。17世纪，在蒙古和硕特部首领固始汗的支持下，五世达赖喇嘛击败了噶玛巴王朝，建立了“甘丹颇章”政权。一开始，甘丹颇章在哲蚌寺执政。然而，由于红山宫曾是松赞干布的住所，而且靠近哲蚌寺、色拉寺以及甘丹寺这三大寺，为了便于联合政治和宗教首领阶层，五世达赖喇嘛决定对其进行重建。重建工作始于1645年，3年后，落成了以白宫为核心的建筑群。五世达赖喇嘛从哲蚌寺搬到了布达拉宫，从此以后，这里成为历代达赖喇嘛生活以及执政之所。

五世达赖喇嘛去世8年后，徒众为纪念他并为他建造灵塔殿，时任西藏第巴（清初西藏地方政府最高行政官员）的桑结嘉措启动了红宫的建设工作。4年后的1694年，工程完工，成为规模仅次于白宫的宫殿。随着红宫的完工，布达拉宫成为一片规模宏大、宫殿佛殿以及灵塔殿林立的建筑群。后来这里增建了灵塔殿，以纪念七世、八世、九世和十三世达赖喇嘛。各灵塔殿均建有自己的大殿，其中历史最短的是十三世达赖喇嘛的灵塔殿，建于1934~1936年。

需要特别指出的是，法王洞与圣者殿均建于现布达拉宫之前，但已经与现存建筑群融为一体。其中法王洞位于山顶，据说松赞干布曾经在此修行。

大昭寺

*

大昭寺始建于公元7世纪的唐代，当时西藏的统治者是松赞干布。他统一了西藏，并迁都逻些（今拉萨）。佛教初入西藏时得到了西藏王族的大力支持，而随着尼泊尔尺尊公主及文成公主的入嫁，佛教的传播亦得到了加强。

传说，拉着释迦牟尼佛像的马车陷入了卧塘湖的淤泥中，文成公主占卜后认为此地是龙神宫殿的所在，只有建造一座寺庙才能镇住其恶，于是在此建造了大昭寺。大昭寺始建于公元 647 年，并在一年内完成了奠基。

公元 823 年，吐蕃政权与唐朝友好结盟。为纪念这一壮举，人们在大昭寺外竖起一块石碑，名“唐蕃会盟碑”。

11 世纪早期，大昭寺进行了第一次大规模重建。其佛殿得到了彻底翻新，并在其东侧增建了释迦牟尼佛殿。1167 年左右，其壁画得到了复原，并在大殿周围增建了转经道。13 世纪早期，大昭寺增建了覆瓦的飞檐。

13 世纪中叶，萨迦王朝统一西藏。此时，大昭寺也得到了一系列扩展，包括扩建释迦牟尼佛殿，建造新寺庙入口，供奉松赞干布、文成公主及尺尊公主的塑像，东、西、北三侧三楼的屋顶上亦增建了佛殿及覆瓦金顶等。

15 世纪早期，宗喀巴创立了藏传佛教中的格鲁派，发起了祈愿大法会。在他的鼓动下，大昭寺主殿的一部分内廷建在了屋顶。

元代西藏被正式纳入中国版图。1642 年，当时已受清廷册封的五世达赖喇嘛启动了一项持续 30 年的复建计划，该计划一直持续到了桑结嘉措统治的时期。大昭寺的正门入口、千佛廊、转经道以及正殿的三层和四层均修建于这个时期。

• 布达拉宫是西藏历代达赖喇嘛居住和举行政治、宗教活动的场所

罗布林卡

*

罗布林卡的所在地溪水潺潺，有着茂密的森林和众多鸟兽，被称为“宝贝园林”。传说七世达赖喇嘛身体抱恙时曾来此地治疗。在清朝中央政权的财政支持下，罗布林卡的开建以1751年乌尧颇章的修建为标志。后世达赖喇嘛不断在此兴建亭阁宫殿，将其建成了达赖喇嘛的夏宫。很快，这里成为西藏除布达拉宫之外一个新的宗教、政治和文化中心。1755年，格桑颇章落成，宫中还建有一座辩经用的大殿。20世纪20年代，十三世达赖喇嘛受北京之行的影响，修建了措吉颇章与金色颇章。另外，格桑德吉宫建成于1926年。1954~1956年，在中央人民政府的支持下，建成了达旦明久颇章。1959年十四世达赖喇嘛叛逃后，罗布林卡先是由自治区筹委会的文物组管理，之后改由文物管理委员会和管理局直接管理。

突出的普遍价值

布达拉宫高耸在拉萨河谷中心海拔3700米的红山之上，夯土与岩石建成的雄伟宫墙、宫门与角楼将白宫和红宫及其附属建筑与外界隔绝开来。布达拉宫建筑群自公元7世纪起就成为达赖喇嘛的冬宫，象征着西藏历代行政统治中的藏传佛教的中心地位。白宫拥有主要的仪式大殿及达赖喇嘛的宝座。达赖喇嘛的寝宫与听政大厅位于白宫的最顶层。宫中存有698幅壁画，近万件唐卡，无数雕像、地毯、华盖、帷幔、瓷器、玉器、精美的金银器及大量佛经和重要的历史文献。红宫位于白宫西侧山峰的更高处，内有历代达赖喇嘛的镀金灵塔殿，再往西是扎厦，是达赖喇嘛的私人佛堂。

为了推广佛教信仰，统治者还在公元7世纪兴建了大昭寺。大昭寺位于拉萨旧城中心，占地2.5公顷，包括入口门廊、庭院和佛堂，四周环绕着供僧人生活起居的设施及仓库。大昭寺的建筑为木石结构，是藏传佛教建筑风格的杰出代表，并有汉族、印度以及尼泊尔的影响痕迹。大昭寺中存有佛像、神像、历史人物像3000多幅，并有许多其他宝藏和手稿，墙壁上绘满了描绘宗教和历史场景的壁画。

罗布林卡建于18世纪，曾是达赖喇嘛的夏宫，它位于布达拉宫以西约2000米的拉萨河畔，周围绿阴环绕。罗布林卡包含一座巨大的园林、4座宫殿建筑群、一座佛堂以及其他大殿和亭阁。所有建筑与园林完美融合在一起，形成一处占地36公顷的艺术杰作。这处遗产曾被作为修行冥想与签订政治协议之地，因此与宗教和政治事务有着紧密的联系。

通过其位置、布局与建筑，布达拉宫、大昭寺及罗布林卡历史建筑群体现了西藏政教合一政权的统治、宗教和象征功能。这3处遗址的建筑精美绝伦，设计新颖独特，加上丰富多样的装饰以及与自然美景的和谐统一，更增添了其突出的普遍价值。

遗产符合的遴选标准（i）：布达拉宫历史建筑群有着出色的设计与装饰，与周围壮丽的景观和谐统一，是人类想象力和创造力的杰作。布达拉宫历史建筑群由宫殿堡垒式建筑群布达拉宫、园林式居所罗布林卡以及寺庙建筑大昭寺组成。3组建筑群各有特色，是传统西藏建筑的典范。

遗产符合的遴选标准（iv）：布达拉宫历史建筑群代表了西藏建筑的巅峰，其规模和艺术价值使其成为政教合一式建筑的出色代表和现存于世的唯一典范。

遗产符合的遴选标准（vi）：布达拉宫历史建筑群有力并突出地象征了世俗与宗教权威的融合。

• 药王山与布达拉宫咫尺相对，清晨在此可以看到第一缕光线照亮布达拉宫的瞬间

西藏“十一五”重点文物保护工程—大昭寺维修工
程进行中，为了您和家庭的幸福，请您注意安全。
THE TIBETAN PLAN (No 11 5 YEAR PLAN) IS TO REPAIR THE VERY IMPORTANT
JOKHANG TENPLE TO BE PROTECTED SO IT CAN BE TO YOUR BLESSING
AND YOUR SECURITY UNDER CONSTRUCTION PLEASE DON'T

• 大昭寺是西藏现存最古老的土木结构建筑，开创了藏式平川式的寺庙布局模式

།རྒྱལ་བ་སྐུ་ཕྲེང་བཅུ་གཅིག་པའི་གསེར་གདུང་།

· 布达拉宫红宫内安放着历代达赖喇嘛的灵塔，所有灵塔都以金皮包裹、宝玉镶嵌，显得金碧辉煌

• 罗布林卡的建造过程，以七世达赖喇嘛兴建乌尧颇章为始，十四世达赖喇嘛修建达旦明久颇章为止，历时200余年

内蒙古自治区
宁城
河北省
隆化
凌源
丰宁
承德避暑山庄及其周围寺庙
平泉
承德
辽宁省
滦平
宽城
密云水库
潘家口水库
兴隆
青龙
怀柔区
北京市
天津市
遵化

13 * 承德避暑山庄及其周围寺庙

* Mountain Resort and its Outlying Temples, Chengde

* 1994

⊙ * 文化遗产

* Cultural Heritage

• 普陀宗乘之庙始建于乾隆三十二年（1767），是为庆祝乾隆的六十大寿而建的，其样式仿拉萨布达拉宫，故又称为“小布达拉宫”

13

承德避暑山庄是清朝的夏季行宫，位于河北省境内，修建于 1703~1792 年，是由众多的宫殿及其他处理政务、举行仪式的建筑构成的一个庞大的建筑群。建筑风格各异的庙宇和皇家园林同周围的湖泊、牧场和森林巧妙地融为一体。避暑山庄不仅具有极高的美学价值，而且保留着中国封建社会末期的罕见历史遗迹。

详细描述

承德避暑山庄及其周围寺庙是中式建筑与自然环境相融合的典范，曾经并且正在深远地影响着景观设计领域。避暑山庄是清朝的园林式宫殿，有着丰富的社会、政治和历史意义。而且，它还以具体形式体现了中国封建社会最后的辉煌。

为加强对蒙古地区的控制，巩固北部边防，清朝在距离北京 350 多千米的蒙古草原上建立了木兰围场。皇帝每年都要率王公大臣、八旗精兵、后宫妃嫔和皇族子孙来木兰狩猎。为了解决数千名随从人员沿途的吃住问题，修建了 21 座行宫，避暑山庄（亦称热河行宫）及周围寺庙就是其中之一。

该行宫自 1703 年动工兴建，至 1792 年最后一项工程竣工，经历了清朝 3 代帝王。整个工程分两个阶段：1703~1714 年，开拓湖区、筑洲岛、修堤岸，随之营建宫殿、亭树和宫墙；1741~1754 年增建了宫殿和园林建筑；另外在 1713~1780 年修建了外八庙。随着清王朝在 1911 年走向灭亡，避暑山庄亦遭废弃。中华人民共和国成立后，修复工作随之展开。

避暑山庄分为宫殿区和苑景区两大部分。宫殿区占地 10.2 万平方米，位于避暑山庄南部，是清朝皇帝处理朝政、举行典礼和寝居之所，包括正宫、松鹤斋、万壑松风和东宫等四组主要建筑群，不仅具有中式风格的素雅古朴，又有皇家的庄严肃穆感。

湖泊区占地 49.6 万平方米，处于避暑山庄的东南部，其布局以中国古代神话为基础，遵循传统中式园林设计理念。其中有 8 个湖泊及多组建筑群，富有江南鱼米之乡的特色。

平原区位于避暑山庄北面，占地 60.7 万平方米，分为万树园和试马埭东西两部分。其中试马埭用于赛马，万树园则是一个用来接待贵宾的政治中心。万树园北边为文津阁，是规模最大的皇家藏书楼之一。园林之中，散落着其他许多建筑。

山峦区在山庄的西北部，面积超过 400 万平方米，包括榛子峪、松林峪、梨树峪与松云峡 4 座大型峡谷。这里曾坐落着 40 多组楼堂殿阁与寺庙，但如今只剩下了废墟。清政府在避暑山庄周边建造寺庙的目的是安抚蒙古、西藏等少数民族，加强对边境地区的控制。这些寺庙共有 12 座，建筑风格各不相同。

汉藏建筑风格相结合是承德避暑山庄周围寺庙（如普宁寺、普佑寺、安远庙和普乐寺）的一大特征。各寺庙前半部分的建筑风格为汉式，后面则为藏式风格。这些寺庙当中所供奉的佛像，其制作技巧和艺术手段尤为引人注目，如普乐寺中的“上乐王佛”和普宁寺中的“千手千眼观世音菩萨”。

突出的普遍价值

承德避暑山庄的宫殿园林及其周围寺庙是中国现存规模最大的皇家园林及寺庙建筑群，占地总面积 611.2 公顷。作为清朝帝王的夏季离宫，避暑山庄靠近木兰围场，距离北京 350 多千米，建于 1703~1792 年。清朝以此为基地，来加强对边境地区的控制。

承德避暑山庄周围 12 座皇家寺庙分布在宫殿和园林外围东面和北面的山麓，其中有些寺庙具有少数民族建筑艺术风格。这些寺庙拉近了与少数民族的关系，并且有助于护卫避暑山庄。每年夏秋两季，康熙和乾隆及其之后的清朝皇帝都会在此处理国家军政大事，接见少数民族首领和来自外国的使节，并从此地北去木兰围场行围狩猎。清代许多重大历史事件都发生在此地，这里的历史遗迹和物品见证了中国作为一个统一的多民族国家是如何得到巩固与发展的。

承德避暑山庄及其周围寺庙是中国宫殿建筑、园林艺术以及宗教建筑的经典之作。避暑山庄的景观布局依山水的自然之貌顺势而作。作为中国自然景观园林与宫殿的典范，它继承并发扬了中国皇家园林的传统。通过融合汉族、蒙古族以及藏族的建筑艺术和文化元素，避暑山庄凝结了中国建筑艺术发展史上不同民族之间文化交流与融合所取得的成就。

承德避暑山庄及其周围寺庙的人工景观完美地结合了承德当地的丹霞地貌等特殊自然环境，其自然而和谐的布局设计是对中国传统风水文化的成功实践。作为中国古代园林设计的典范，它曾影响了欧洲，并且在18世纪的世界园林设计领域扮演了举足轻重的角色。

遗产符合的遴选标准（ii）：承德避暑山庄及其周围寺庙是中式建筑与自然环境相融合风格的杰作，曾经并且正在深远地影响着景观设计领域。

遗产符合的遴选标准（iv）：承德避暑山庄及其周围寺庙以具体形式体现了中国封建社会最后的辉煌。

• 须弥福寿之庙是西藏日喀则的扎什伦布寺为班禅所建的行宫

14 * 曲阜孔庙、孔林和孔府

* Temple and Cemetery of Confucius and the Kong Family Mansion in Qufu

* 1994

* 文化遗产

* Cultural Heritage

· 孔庙内的圣迹殿、十三碑亭及大成殿东西两庑，陈列着大量碑碣石刻，特别是这里保存的汉碑，是全国数量最多的

• 孔庙大门，今天的孔庙拥有一千多座建筑

孔子是公元前 6 至前 5 世纪伟大的哲学家、政治家和教育家。孔庙、孔林和孔府位于山东省的曲阜。孔庙是公元前 478 年为纪念孔子而兴建的，千百年来屡毁屡建。今天的孔庙拥有 100 多座建筑。孔林里不仅容纳了孔子的坟墓，而且他的后裔中，有超过 10 万人也葬在这里。当初小小的孔宅如今已经扩建成一个庞大显赫的府邸，整个宅院保留了 152 座建筑。曲阜的古建筑群之所以具有独特的艺术和历史特色，应归功于 2000 多年来中国历代帝王对孔子的大力推崇。

详细描述

在中国封建社会 2000 多年的历史上，孔子所创立的儒家思想体系长期为执政者所独尊。孔子逝世的第二年，鲁哀公将其位于曲阜的故宅改建为庙，内藏衣、冠、琴、车、书等孔子遗物。公元 153 年，此庙得到了重建，并在之后数百年间得到多次修葺和翻新。公元 611 年，孔庙再次重建。这一次，原有的 3 间庙屋被改造成了整个建筑群的一部分。到了 1021 年的宋代，孔庙被扩建为三路，共有四进庭院，300 多间房屋。1214 年，孔庙毁于战火，但重建工作随之展开，1302 年，它又恢复了以前的规模。1331 年，孔庙仿皇宫之制增建了城墙。1499 年，孔庙再度遭大火焚毁，并再一次得到了重修，使其达到了现在的规模。

进入孔庙的通道两侧松柏林立。其主体位于中轴线上，有院落九进。其中前三进院落各建有尺度较小的门坊，并种植着高大的松树，引导游客进入这处具有宗教意义的建筑群的中心地带。第四进以后的庭院，建筑雄伟，黄瓦、红墙、绿树交相辉映，体现了孔子思想的博大高深。孔庙保存着汉代以来的历代碑刻 1000 多块，有皇帝敕封、祭祀孔子的记录，也有出色的书法作品和其他形式的文章，是中国艺术的典范与无价之宝。其中有许多精美的石刻艺术品，而最著名的就是汉代画像石、明代雕镌石柱和明刻圣迹图等。

孔子逝世于公元前 479 年，埋葬在泗水之畔。其墓的外形犹如斧头，墓前砌有一座平台，用于放置祭品。西汉时，汉武帝接受了“罢黜百家，独尊儒术”的建议。从此以后，孔子墓成为一处重要的尊崇朝拜之地。到公元 2 世纪，孔子墓周围已围绕了 50 多座后人的坟墓。1244 年，开始有纪

- ［左页图］孔林内的石翁仲，除此之外还有石虎、石羊及石马等
- ［右页图］孔林内现有树木 10 万多株。相传孔子死后“弟子各以四方奇木来植，故多异树”

念他的石碑竖立起来。1331 年，孔思凯主修了林墙，构筑了林门。这项工程一直持续到 1594 年，陆续增建了门楼、拱门、亭子以及起自曲阜城北门的神道。孔林大门通过笔直的神道与曲阜城北门相连，神道两侧的松柏夹道而立。沿着一条狭长且建有围墙的甬道可以来到孔林二门，穿过二门是一片开放的区域，有草地、树木和一条河。穿过洙水桥，游人可以看到位于西侧的孔子墓。

孔子的后人在孔府中生活劳作，守卫和照看孔庙及孔林，并被历代皇帝封予贵族头衔。"衍圣公"是宋仁宗封给孔子嫡系后裔的世袭封号。1935 年，该封号改为"大成至圣先师奉祀官"。孔府的布局遵循中国传统建筑风格，前为官衙，后为内宅。16 世纪时，孔府的规模达到顶峰，有建筑 170 座，房屋 560 间，其中 152 座、480 间留存到了现在。孔府中存有包括字画在内的大量珍贵文物。其内部陈设为清末及民国时期风格。

突出的普遍价值

孔子是中国古代著名的哲学家、政治家和教育家。其思想体系涉及哲学、政治与伦理，被后世称为儒家思想，给中国文化带来了深远的影响，孔子亦被中国历代皇帝尊为"至圣万代师表"。孔庙坐落于孔子的家乡中国山东省曲阜市，是公元前 478 年为纪念和祭祀孔子而兴建的。千百年来，孔庙屡毁屡建，现在，其占地面积为 14 公顷，有 104 栋建筑，包括大成殿、奎文阁、杏坛以及 1250 多棵古树，其中金、明、清等各代建筑皆有。孔庙中存有 1000 多块诞生于不同时代的石碑，有的十分珍贵，如描述孔子生平的汉代画像石及明清两代的浮雕龙柱等。曲阜孔庙，尤其是它的布局和风格，是广泛存在于东亚及南亚国家的所有孔庙营建时所参照的对象和范本。

孔林位于曲阜市以北 1100 米处，占地面积 183 公顷。这里不仅容纳了孔子的坟墓，而且也是孔子 10 万多名后裔的魂归之处。

孔府位于孔庙东侧，从一座与孔庙相连的小小家宅扩建成一座庞大显赫的府邸，是孔子嫡系子孙的官署和住宅。14 世纪时，孔府与孔庙遭火灾烧毁，随后，孔庙进行了重建，并仿皇宫形制加上了围墙。而孔府则在与孔庙稍隔了一小段距离的位置进行了重建。后来，孔府进行了一系列扩建，但在 19 世纪晚期再次毁于大火并再次重建。现在的孔府占地 7 公顷，约有 170 座建筑。孔府中藏有文物 10 多万件，其中最著名的为"商周十器"及

- [左页图] 曲阜孔庙是祭祀中国春秋时期思想家和教育家孔子的本庙，位于孔子故里、山东曲阜城内，又称"阙里至圣庙"（尹楠／FOTOE）
- [右页图] 孔子死后，其子孙世代居住于孔庙附近。宋朝宝元元年（1038 年）始建孔府，后又称"衍圣公府"

不同时代绘制的孔子画像及明清时代的衣冠等。另外，孔府还收藏有明清两代的6000多件档案，不仅为400多年来孔府内发生的各类活动提供了可信的记录，而且对于研究明清两代的历史有着很高的价值。

该遗产所属建筑的设计和营造严格遵循儒家思想有关尊卑等级的观念。明朝时，许多出色的艺术家和工匠将其技艺运用到了孔庙的雕饰上。清代的皇帝指派御用工匠修建了大成殿以及寝殿，被认为代表了清代艺术和建筑水平的巅峰。

儒家思想不仅深远地影响了中国，而且也影响了封建时期的韩国、日本以及越南，并且对18世纪欧洲启蒙运动也发挥了积极作用。孔庙、孔林与孔府不仅是东方建筑艺术的杰出典范，而且有着深厚的历史内涵，是人类文化遗产的一个重要组成部分。

遗产符合的遴选标准（i）：曲阜的这一组纪念性建筑群有着出色的艺术价值。这得益于2000多年来中国历代帝王对孔子的大力推崇，保证了一流的艺术家和工匠能够参与到这些奉献给孔子的建筑与景观的设计和反复营造中。

遗产符合的遴选标准（iv）：曲阜的建筑群是中国杰出建筑群的代表，展现了中国相当长的一个历史时期内的物质文化。

遗产符合的遴选标准（vi）：2000多年来，孔子对东方国家的哲学以及政治学说作出了巨大贡献，对于18、19世纪的欧洲和西方国家亦是如此。这对现代思想以及政府的形成来说是影响最深远的因素之一。

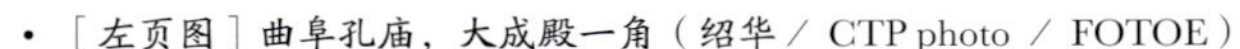

• ［左页图］曲阜孔庙，大成殿一角（绍华 / CTP photo / FOTOE）
• ［右页图］供奉着孔子塑像的孔庙大成殿（谢光辉 / CTP photo / FOTOE）

• 孔林内石碑林立，是孔子及其后裔的专用墓地，是世界上历时最久、面积最大的氏族墓地

湖北省
大官湖
安徽省
阳新
长
江
彭泽
湖口
瑞昌
九江
庐山国家公园
星子
江西省
德安
都昌
景德镇
武宁
柘林水库
修
水
鄱
阳
湖
昌
江
鄱阳
乐平
靖安
潦
河
南昌
余干
万年

15

* 庐山国家公园
* Lushan National Park

* 1996

⊙

* 文化遗产
* Cultural Heritage

• 庐山山间经常云雾弥漫，望之如仙境，令人难识庐山真面目

江西庐山是中华文明的发祥地之一。这里的佛教、道教庙观及儒学的里程碑建筑，完全融汇在美不胜收的自然景观之中，赋予无数艺术家以灵感，而这些艺术家开创了中国文化中对于自然的审美方式。

详细描述

该世界遗产由具有极高美学价值的文化景观组成，该景观与中华民族的精神和文化生活有着极为紧密的联系。庐山风景秀丽多姿，美不胜收，2000多年来，吸引了无数得道高人、名士大儒与文人墨客，是中国古代许多诗歌佳作的灵感之源。庐山的美景给哲学和艺术的发展以灵感，并且在当今时代实现了与优质的文化遗产的有机融合。

庐山的人类活动至少可以追溯到新石器时代（距今约4000年）。公元前3世纪末的汉代，庐山开始为世人所看重。自汉代以后，历朝皇帝在庐山敕建了一系列建筑，使这里形成了一个修习与宗教信仰中心。高僧慧远在庐山东林寺创建了影响深远的佛教净土宗。公元750年左右，鉴真从此地出发，东渡日本，传播佛教。

唐代时，庐山成为临济宗、曹洞宗及黄龙宗等数个佛教宗派的重要道场，这也使得庐山吸引了更多宗教在此传播。道教大师陆修静在庐山建简寂观，收藏道教典籍。其他如伊斯兰教、基督教等亦在庐山建起了宗教活动场所。其精神与政治意义一直延续到了今天。

庐山在20世纪三四十年代被国民政府辟为夏都。1949年中华人民共和国成立之后，在毛泽东担任国家主席期间，中共中央曾在庐山举行过至少3次会议。

庐山国家公园的文化遗产分为4类：考古遗址、石刻、历史建筑及中外别墅群。

其考古遗址包括公元前4000年的大型新石器时代村落，商周时期人类农业、狩猎与捕鱼的聚居点，陶渊明故居以及三国时代的鄱阳湖古战场。

庐山拥有900多处摩崖题刻与碑碣，其中最古老的摩崖题刻是晋代伟大的田园诗人陶渊明的手迹。另外还有一些作品出自宋代名家之手，如诗人黄庭坚、书法家米芾及哲学家朱熹。此外也不乏明代大家之作，如著名哲学家王守仁、文学家李梦阳及王思任等。庐山碑碣的历史远可追溯至1050年左右，最近的则是1938年庐山守军将领为鼓舞士气、抗击日军所刻的“必恭敬止”四字。

庐山国家公园中散落着200多处历史古迹，其中最著名的是位于庐山西麓香炉峰脚下的东林寺建筑群。东林寺始建于公元386年，千百年来逐渐扩建。这座佛教寺庙对于研究中国佛教及中日关系史有着极为重要的意义，被认为是中国最早的园林式佛寺。位于五老峰脚下的白鹿洞书院始建于公元940年，后渐遭荒废。宋朝末年，在朱熹的努力下，白鹿洞书院得到了振兴，声名远播，成为书院教育的一大中心。书院的建筑有供奉之祠，有研习所用之殿堂，亦有藏书之阁，19世纪之前，这里一直有增扩建活动。

19世纪末20世纪初，庐山成为一处广受欢迎的度假胜地，中外人士在此兴建了大量别墅。这些别墅建筑风格多样，其定位则以美式国家公园和英式景观设计为范本。目前遗留下来的别墅约有600座，其中3座被列为全国重点文物保护单位。

突出的普遍价值

庐山位于江西省九江市。庐山国家公园的遗产区域占地总面积为30200公顷，其最高峰汉阳峰海拔1474米。

庐山北依长江，南接鄱阳湖，构成了一幅山水湖景融为一体的画卷，2000多年来，吸引了无数得道高人、名士大儒与文人墨客。庐山国家公园分布着200多座历史古迹。静修之所构成的建筑群经历了无数次的重建与扩建，创造出一个不断发展的修习与宗教信仰中心。这些建筑群包括高僧慧远在公元386年创立的东林寺，约公元730年开建的西林塔，唐代建成用于存放道教典籍的简寂观及始建于公元940年的白鹿洞书院。12世纪晚期，宋代的朱熹通过在此传播孔子的政治伦理思想大大振兴了白鹿洞书院。19世纪之前，这里的建筑群得到了不断的扩建，有供奉之祠，有研习之殿

• 从公元4世纪至13世纪，庐山宗教信仰兴盛，寺庙、道观一度多至500处。如今这里依然钟声长鸣，香烟缭绕

堂，亦有藏书之阁。庐山的其他特色包括建造于 1015 年的石造单孔桥观音桥以及 900 多处摩崖题刻和碑碣。此外，庐山还拥有中外人士所建的大约 600 座别墅。这些别墅建成于 19 世纪末 20 世纪初，当时庐山已成为一处度假胜地。它们建筑风格多样，按照当时西方主流规划理念与庐山风景融为一体。20 世纪三四十年代，庐山更是成为当时国民政府的夏都。

庐山在中国的历史与文化中占据了举足轻重的地位，是中国山水文化的杰出代表，也是中国书院教育的典范。作为华南地区曾经的文化中心，庐山也是中外文化融合的中心地带。在历史上，这里曾发生过许多重大的文化与政治事件，影响了中国的历史进程。

庐山的自然风光美不胜收，与历史古迹融为一体，创造出一种独特的文化景观，体现了突出的美学价值，而这种价值与中国的精神和文化生活有着紧密的联系。庐山的自然美景与文化紧密相连，代表了中国的国家精神，是其文化生活的缩影。

遗产符合的遴选标准（ii）：庐山风景如画，其中寺庙和书院的建筑与布局创造出一种文化景观，展现了自公元前 3 世纪的汉代到 20 世纪早期这两千多年间的价值观的传承。

遗产符合的遴选标准（iii）：庐山的美景给哲学和艺术发展以灵感。优质的文化遗产与庐山风景有机融合，为中国人眼中的“天人合一”理念提供了独特的注脚。

遗产符合的遴选标准（iv）：白鹿洞书院古建筑群是中国传统书院建筑的典范。观音桥是一座单孔石拱桥，在中国桥梁建设史上扮演了极为重要的角色。庐山的现代别墅群展现了 19 世纪末期到 20 世纪中叶西方文明向中国内陆地区传播的历史。

遗产符合的遴选标准（vi）：高僧慧远在庐山东林寺创立了佛教净土宗，开创了佛教中国化的时代。朱熹振兴了白鹿洞书院，使它成为普及宋明理学及书院教育的典范。自宋代以后的 700 多年里，朱熹深远地影响了中国的历史进程，其理学和教育模式传播到了日本、朝鲜、印尼等国，在全球教育史上起到了十分重要的作用。

• 庐山如琴湖环境优雅，映入眼帘的是满满的绿意

• 庐山瀑布历史悠久，历代皆有文人雅士题词赋诗，称赞其壮观之美，为庐山瀑布带来了很高的声誉

• 由于庐山气候凉爽，西方人就用英文中表达凉爽的词“cooling”来命名此地，音译成汉字就是“牯岭”。昔日牯岭建筑多以山间别墅形式分布，各别墅之间只有小径相连

• 庐山瀑布众多，最著名的有三叠泉、秀峰瀑布等

成都
遂宁
大
渡
河
眉山
资阳
雅安
沱
江
峨眉山
乐山
内江
重庆市
峨眉山和乐山大佛
自贡
江
四川省
马边
长
泸州
宜宾
冕宁
金
沙
江
云南省
美姑
贵州省

16 * 峨眉山和乐山大佛

* Mount Emei Scenic Area, including Leshan Giant Buddha Scenic Area

* 1996

* 文化与自然双重遗产

* Mixed Heritage

• 乐山大佛位于岷江、青衣江、大渡河三水汇聚之处。古时这里水势相当凶猛，乐山大佛最初即为镇压水患而修建

• 乐山大佛于唐玄宗开元初年（公元713年）动工，至唐德宗贞元十九年（公元803年）完工，前后历经90年

• 大佛左右两侧沿江的崖壁上，有数百座石刻雕像，汇集成庞大的佛教石刻群

公元 1 世纪，在四川省峨眉山景色秀丽的山巅上，落成了中国第一座佛教寺院。随着四周其他寺庙的建造，此地成为佛教的圣地之一。许多世纪以来，这里的文化财富大量积淀，其中最著名的当数乐山大佛，它是公元 8 世纪时人们在一座山岩上雕凿出来的，俯瞰着三水交汇之所。佛像身高 71 米，堪称世界之最。峨眉山还以物种繁多、种类丰富的植物而闻名天下，从亚热带植物到亚高山针叶林可谓应有尽有，有些树木树龄已逾千年。

详细描述

峨眉山和乐山大佛世界文化与自然双重遗产风景秀丽，植被种类丰富，不乏当地特有物种。它体现了无形遗产与有形遗产、自然遗产与文化遗产的完美融合。峨眉山景区具有特殊的文化意义，因为它是佛教在中国最早的立足之地，佛教从这里开始向中国东部广泛传播。

遗产区位于四川省中部，包括峨眉山市西部的峨眉山风景区和位于乐山市东南，岷江、青衣江、大渡河三水合流之处的乐山大佛风景区。

拥有三大主峰的峨眉山在成都平原西部边缘拔地而起，相对高度 2600 米。此山地貌多样，峰峦起伏，深深的峡谷和高耸的山峰相互交错。源于前寒武纪的沉积岩藏有大量的化石，是地质信息的重要来源。

峨眉山中既有中国—日本区植物群，也有中国—喜马拉雅区植物群。根据垂直高度，从下到上依次可以划分为 5 个垂直植物带：亚热带常绿阔叶林（海拔 1500 米以下）、常绿阔叶与落叶混交林、针叶与阔叶混交林、亚高山针叶林、亚高山灌木（2800 米以上）。已见记录的植物有 242 科、3200 种以上，其中 31 种被国家列为保护植物，100 多种为当地特有；中草药 1600 余种，其中 600 多种具有商业价值。

有记录的动物约 2300 种，其中 29 种为国家保护动物，157 种为中国濒危物种，还有一些动物为峨眉山特有。这里还生活着一些世界濒危动物，

• 麻浩崖墓，麻浩是其地名，崖墓是古代流行于乐山的一种仿生人住宅凿山为墓的墓葬形式。墓中保存着许多汉代建筑模型、车马伎乐俑以及画像石棺、书法题刻等

如小熊猫、亚洲黑熊、鬣羚、亚洲金猫、藏酋猴、中国大鲵、暗色鸦雀等。考古发现证明，早在一万多年前，就有动物在此栖息。

峨眉山和乐山大佛风景区是中国佛教四大圣地之一，具有重要的历史意义。峨眉山有记载的历史可以追溯到2000多年前，在此期间积累了大量的佛教文化遗产，有历史古迹、建筑遗存、书法、绘画、碑刻及瓷器等。乐山大佛风景区占地2500公顷，拥有丰富的文化艺术作品，其中包括公元8世纪开凿于栖鸾峰和凌云山峭壁的高达71米的乐山大佛。乐山大佛背倚九鼎山，面向岷江、青衣江、大渡河三水合流之处。此外还有90多个石刻作品及唐代建造的佛殿、离堆、墓穴、佛像、佛塔、寺庙以及城墙等。

突出的普遍价值

峨眉山文化意义突出。这里是中国佛教最早的发源地，之后佛教由此向东部传播。公元1世纪，峨眉山顶建成了中国第一座佛教寺庙，名为光相寺，1614年朝廷更名为“华藏寺”并沿用至今。另有30多座寺庙，如建于4世纪的万年寺，寺内有10世纪建成的普贤菩萨铜像；建于6世纪初期的亭台楼阁，如清音阁；建于17世纪初的报国寺、离垢园（即伏虎寺）等，这使峨眉山成为佛教圣地。

当地最为突出的佛教标志——高达71米的乐山大佛开凿于8世纪，依栖鸾峰峭壁凿造而成，俯瞰三水合流之处，是世界上最大的石刻佛像，现存的碑文记载了大佛的建造过程。与大佛相关的还有建于唐代的灵宝塔和大佛寺。乌尤寺有两座重要的塑像：男相乌尤大士（观音）铜像及11世纪建成的铁铸镀金阿弥陀佛像。麻浩崖墓有500多个公元1~4世纪的唐代墓穴，以其精美的雕刻和书法题刻闻名遐迩。

峨眉山风景秀丽，在佛教传入中国的过程中发挥了重要作用，因此有极大的思想文化意义。自然环境中拥有如此众多的文化古迹，尤其是传统建筑遗迹，使峨眉山成为中国名列前茅的文化景观。

峨眉山也以异常丰富的植被而著名，从亚热带常绿林到亚高山针叶林，应有尽有。此处遗产占地15400公顷，分为两大独立景区——峨眉山和乐山大佛，美丽的自然景观与人文因素精巧地融为一体。

• 峨眉山是佛教四大圣地之一，为普贤菩萨的道场。雪中的石狮犹如威武的护法，迎风雪而立

遗产符合的遴选标准（iv）：峨眉山上有 30 多座寺庙，均为当地传统样式，依地形建于山腰，其中 10 座颇具规模，历史悠久，无论是选址、设计还是施工，都是伟大创意的杰出代表，其先进的建筑技术及建造技巧堪称中国寺庙建筑的完美典范。与寺庙共存的还有中国最重要的其他文化遗产，其中最著名的是公元 8 世纪开凿于栖鸾峰峭壁的乐山大佛。乐山大佛面向岷江、青衣江、大渡河三水合流之处，是世界上最大的石刻佛像，高达 71 米。

遗产符合的遴选标准（vi）：峨眉山上无形遗产与有形遗产、自然遗产与文化遗产相互融合，这一点尤为重要。峨眉山作为中国佛教四大圣地之一，具有深刻的历史意义。公元 1 世纪，佛教经由丝绸之路从印度传到峨眉山，中国的第一所佛教寺庙也建立在峨眉山上。峨眉山丰富的佛教文化遗产，其有记载的历史可以追溯到 2000 多年前，包括考古遗址、重要建筑物、墓穴、宗教遗迹等，还有多种文化艺术品，包括雕塑、石刻、书法、绘画、音乐以及其他传统艺术。

遗产符合的遴选标准（x）：峨眉山物种多样，具有特殊的植物保护与科学研究意义。它处于四川盆地边缘向青藏高原过渡地带，生物种类异常丰富，已记录的植物有 242 科 3200 多种，其中 31 种为国家保护物种，100 多种为当地特有。在峨眉山 2600 米的高度范围内，人们发现了多种多样的植被区，包括亚热带常绿阔叶林、常绿落叶和阔叶混交林、阔叶和针叶混交林、亚高山针叶林、亚高山灌木。异常丰富的植物群中生活着众多动物，有记录的动物约 2300 种，其中不乏世界濒危动物。

• 峨眉山的雪融合了北国的大气与南国的娇柔，冰枝、树挂、雾凇、冰瀑，拥有即使在北方也少见的雪景

• 峨眉云海又称“兜罗绵”，峨眉峰高云低，云海中露出许多“岛屿”，云腾雾绕，宛如蓬莱仙岛

• 金顶为峨眉山第二高峰，海拔 3077 米。顶上是个小平原，原有铜殿一座。此处在太阳的照射下光彩夺目，故而得名金顶

• 金顶是看峨眉山日出的最佳地点，尤其是冬季的日出，常和云海同时出现，异常壮美

太原
阳泉
晋中
清徐
昔阳
汾
文水
太谷
和顺
平遥古城
汾阳
平遥
河北省
河
山西省
榆社
左权
灵石
沁县

17 * 平遥古城

* Ancient City of Ping Yao

* 1997

* 文化遗产

* Cultural Heritage

• 平遥古城民居以砖墙瓦顶的木结构四合院为主，布局严谨，左右对称，尊卑有序

平遥古城建于14世纪，是现今保存较完整的汉民族城市的杰出范例。其城镇布局集中反映了5个多世纪以来，中国的建筑风格和城市规划发展的情况。特别值得一提的是，由于19~20世纪初期平遥是整个中国的金融中心，所以这里与银行业有关的建筑格外雄伟。

详细描述

平遥古城是完整保存下来的明清时期中国汉民族城市的杰出范例，在中国历史的进程中，它向世人展示了一幅非同寻常的文化、社会、经济及宗教发展的完整画卷。

早在新石器时代，平遥地区就有人类定居。平遥古城至少从西周时期就有了城市居民区，在周宣王统治期间修筑了用于防御的土城墙。

自公元前221年中国实行郡县制以来，平遥一直作为“县治”的所在地延续至今。1370年，明朝皇帝朱元璋在位期间，平遥古城得以扩建，并重新修建了高大的防御城墙，城内布局也有了很大变动，反映了汉式建筑严格的规划原则。

14世纪晚期修建的城墙长约6000米，是当时对于这一级别城市规定的标准长度。沿城墙建有6座城楼、72座敌楼。自此之后，平遥渐渐演变成典型的汉族城市，至16世纪成为中国北方主要的商业城市之一，繁华日盛。19世纪后半期，平遥已经统领中国的金融业。

平遥古城位于惠济河与柳根河冲积扇尾部，面积2.25平方千米，主要包括六大寺庙建筑群、平遥县衙、其他公共建筑及官邸。城内街道呈对称的直线布局，主要交叉街道两边布满了建于17~19世纪的商铺，完整保留了城市的历史风貌。

平遥有许多国家级、省级和县级文化保护建筑。镇国寺内建于10世纪的万佛殿，是研究中国早期彩塑艺术及建筑结构的重要参考对象。建于12世纪的孔庙主殿是该类建筑的典范，殿内用斜梁支撑顶梁，而非当时传统的补间铺作技术。建于公元6世纪的双林寺以其2000多尊作于12~19世纪的彩色泥塑闻名遐迩。清虚道观建于公元7世纪，有10处主建筑，其中的龙殿因其罕见的悬梁垂栏建筑技术而著名。此外还有年代较近的寺庙，包括19世纪建成的城隍庙、吉祥寺、关帝庙等。

平遥县衙建筑群包括一些建于14~19世纪的建筑，其中的两层木楼为当时古城内最高的建筑。1688年，此楼进行了重建，并保存至今。同期建成的还有惠济桥，此桥由石料砌筑，两侧建有石制栏杆。

由于平遥古城几个世纪的贸易及票号的繁荣，城内修建了很多品质上乘、工艺考究的民居，并完整地保留至今。这些民居都严格遵循汉族的封建传统及等级制度，带有鲜明的地域特色。这些四合院大体可分为三类：第一类为传统的屋顶铺瓦的单层砖木建筑；第二类为砖碹窑洞，带有走廊及凸出的前檐；第三类为两层建筑，在窑洞之上加盖一层木结构建筑。

突出的普遍价值

平遥古城是一座保存完好的中国古县城，位于山西中部平遥县，遗产包括三部分：城墙内的古城、县城西南6000米处的双林寺、县城东北12千米处的镇国寺。平遥古城很好地保存了14~20世纪汉民族县城的历史面貌。

平遥古城建于14世纪，占地225公顷，是一座完整的建筑群，包括古城墙、街道、小巷、店铺、民居及寺庙等。古城的布局完美展现了500多年来汉族城市建筑风格与城市规划的发展。特别是19~20世纪初，平遥古城是全中国的金融中心，现存的近4000所店铺及传统民居造型高大，装饰精美，见证了平遥古城近百年的经济繁荣。双林寺现存明代和清代彩塑2000多尊，被誉为“东方彩塑艺术宝库”。镇国寺最大的万佛殿建于五代时期，是中国现存最早、最珍贵的木结构建筑之一。

平遥古城是中国汉民族城市在明清时期的杰出范例，保留了汉族城市的完整风貌，在中国历史的进程中，向世人展示了一幅文化、社会、经济及宗教发展的完整画卷，对研究中国封建时代的社会形态、经济结构、军事防御、宗教信仰、传统思想、传统伦理、民居格局等有很高的价值。

遗产符合的遴选标准（ii）：平遥古城城镇景观完美地反映了在不同民族、不同地区的共同影响下，中国500多年来建筑风格、城镇规划的发展过程。

• 双林寺千手观音像及背后的 400 多尊悬塑的菩萨，历来名闻遐迩

金刀削髮

• 平遥镇国寺佛殿内，存有珍贵的明代壁画，以中国连环画的形式，描述了释迦牟尼成佛的故事，画面中的生活场景、人物形象和服饰已经完全中国化了

• 古城内有很多票号旧址，著名的中国第一家票号——日升昌，就诞生于此

靖江
南通
张家港市
海门
启东
常州
江苏省
常熟
崇明
无锡
昆山
宜兴
苏州
苏州古典园林
上海
上海市
长兴
湖州
浙江省
嘉兴
昆山
京
杭
运
河
太
湖
长
江
东
海

18 * 苏州古典园林

* Classical Gardens of Suzhou

* 1997, 2000

⊙ * 文化遗产

* Cultural Heritage

• 网师园始建于公元 1174 年（宋淳熙元年），始称“渔隐”，至公元 1765 年（清乾隆三十年）前后，定名为“网师园”，并形成现在的布局

· 网师园池中鲜有植物花卉，清透如镜，高低错落的建筑群在水中倒映成画

没有任何地方比历史名城苏州的九大园林更能体现中国古典园林设计"咫尺之内再造乾坤"的理想。苏州园林被公认为实现这一设计思想的杰作。这些建造于11~19世纪的园林，以其精雕细琢的设计，折射出中国文化取法自然而又超越自然的深邃意境。

详细描述

苏州市位于长江下游，太湖之滨，始建于公元前514年，为春秋时期吴国都城，此后一直都是该地区的政治、经济、文化中心。

苏州最早的园林可以追溯到公元前6世纪，但在明清时期，特别是16~18世纪达到鼎盛。其时苏州城市经济繁荣，城内建造园林200多处。众多精致优美的园林，使苏州得到了"人间天堂"的美誉。

苏州古典园林是中国园林景观设计的典范，艺术、自然与思想完美地融于一体，创造了优美的景观与宁静和谐的氛围，是历史名城整体规划中不可分割的一部分。

沧浪亭为11世纪初北宋诗人苏舜钦所筑，建于之前一所废园旧址上。明清时，沧浪亭改名"妙隐庵"。此后几个世纪历经修复，保存至今。入得园内，沿石桥前行，古树竹林掩映下的假山，蓦然映入眼帘。方亭坐落在一座土山之上，刻有"沧浪亭"匾额。

狮子林建于1342年的元代，是一些佛教徒为高僧天如禅师所建，名为"菩提正宗寺"。17世纪，此处园林与寺院分离之后，吸引了无数文人墨客前来。建造者以中部的水池为中心，叠山造屋；峭壁上的人工瀑布倾泻而下，14世纪建造的喷泉至今仍清晰可见。园中林木葱郁，怪石林立，假山陡峭；山间小径曲折盘旋，洞穴岩壑众多。园中共有建筑22座，其中最引人注目者当数燕誉堂，为"鸳鸯厅"的典范。

艺圃建于16世纪的明代，全园以约占四分之一的池水为中心，池水之南为假山，池水之北为建筑；东西两侧的带顶走廊直通南北。园内13座建筑的布局与设计为明代园林的经典之作。

耦园的源头可追溯到18世纪的清代。耦园分为东西两部分，园内共有4座排列整齐的建筑。东园池水中凸出一座黄石假山，为东园的主体部分，两侧是独具魅力的明式建筑；西园较小，最引人注目的是一座石灰岩假山，山上岩洞隧道纵横交错。

退思园建于1885~1887年，由著名画家袁龙所建。几组建筑通过东部船舫形的客房与花园相连。同样，园林中央以池水为主，一系列优雅的建筑环绕四周，两层的楼廊"天桥"最为显著。园林西北角的揽胜阁居高临下，一览园内佳境。

环秀山庄始建于16世纪末，尽管占地不足500平方米，却移天缩地，设计精致，有危径、洞穴、幽谷、石崖、飞梁、绝壁，假山高达7米。

拙政园自16世纪初建成以来即为苏州达官贵人寓所，中央水池再现长江下游旖旎风光，东山西山跃然浮出水面，山上林木覆盖，且各有亭台一座。园内植物种类繁多。

留园建于16世纪末，园内建筑数量众多。中部以山水为主，周边环以各类建筑。沿狭窄蜿蜒的小径前行，美景目不暇接，出人意料。

网师园入口为一形状罕见的小门，两侧大石的雕刻显示着园林主人的官衔。中部为主园，有池水一泓，环池建走廊。建筑与园林布局精妙，面积虽小，却令人觉得气势宏大、建筑多样。

突出的普遍价值

位于中国江苏省的苏州古典园林，其历史可追溯到公元前6世纪，当时吴国建都苏州，吴王在此修建皇家狩猎园林。受此影响，大约公元4世纪出现了私家园林，于18世纪达到鼎盛。时至今日，苏州仍存有50余处园林，建造于11~19世纪的拙政园、留园、网师园、环秀山庄、沧浪亭、狮子林、艺圃、耦园、退思园9处古典园林以其意境深远、构筑精致、艺术高雅、文化内涵丰富而成为中国古代文人写意山水园林艺术的典范，完美地诠释了中国古代文人士大夫的隐逸文化、美学思想与城市人居环境的和谐统一。

苏州古典园林历代造园师在有限的空间里，因地制宜，师法自然，运用高超的叠山理水、花木栽植、建筑配置等设计手法，组建成丰富多彩、小中见大的空间布局，创造出大量精致典雅、诗情画意的中国写意山水园

• 拙政园全园以水为中心，山水萦绕，亭榭精美，花木繁茂，具有浓郁的江南水乡特色

林景观艺术奇迹，突出体现了中国古代造园师的高超技艺和卓越智慧。其取法自然而又超越自然的独特设计理念深刻影响着东西方园林艺术体系的发展。园林内丰富多彩的各式建筑、假山石峰、书法作品以及各种类型的家具陈设、装饰艺术品等，系统地展示了古代中国长江三角洲东部地区高超的艺术成就，折射出中国传统文化中的精髓和内涵。

遗产符合的遴选标准（i）：苏州古典园林运用中国传统造园手法，创造出独特的写意山水园林艺术体系，蕴含着中国传统文化内涵，其美学成就构成中国古代创造性的造园杰作。

遗产符合的遴选标准（ii）：苏州古典园林在2000余年内，形成独特的园林建造艺术体系，其规划、设计、施工技术、艺术效果，对中国乃至世界园林发展产生了重大影响。

遗产符合的遴选标准（iii）：苏州古典园林反映了已消失的中国古代文人士大夫所追求的与自然和谐的隐逸文化传统，是至今仍保留的中国古代文人士大夫文化传统和文明形态的典型实例。

遗产符合的遴选标准（iv）：苏州古典园林是中国长江三角洲东部地区11~19世纪最具特色的文化范例，其蕴含的哲学、文学、艺术和传承的建筑、园艺及各类手工技艺，代表了该地区社会文化和科学技术的发展成就。

遗产符合的遴选标准（v）：苏州古典园林“宅园一体”的布局形式，表现了中国传统居所与自然环境完美结合的生存形态，反映了11~19世纪长江三角洲东部地区人民的生活、礼仪、习俗。

- ［左页图］中国园林讲究“移步换景”，对景物的安排和观赏的位置都有很巧妙的设计
- ［右页图］苏州园林善于把有限空间巧妙地组合成变幻多端的景致，结构上以小巧玲珑取胜

• 苏州园林布局讲究，富于变化，园内有园，景外有景，以建筑精巧和空间尺度比例协调而著称

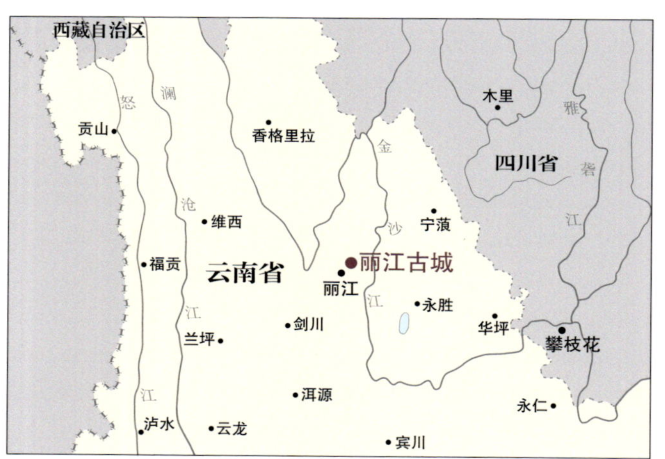
西藏自治区
怒
澜
贡山
香格里拉
木里
雅
四川省
砻
金
沧
维西
宁蒗
沙
江
福贡
云南省
丽江古城
丽江
永胜
江
江
剑川
华坪
兰坪
攀枝花
江
洱源
永仁
泸水
云龙
宾川

19 * 丽江古城

* Old Town of Lijiang

* 1997

⊙ * 文化遗产

* Cultural Heritage

• 丽江古城西有狮子山，北有象山、金虹山，巧妙地利用地形避开了雪山寒气，接引东南暖风，占尽地利之便

古城丽江把经济和战略重地与崎岖的地势巧妙地融合在一起，真实、完美地保存和再现了古朴的风貌。古城的建筑历经数个世纪的洗礼，因融汇了各个民族的文化特色而声名远扬。丽江还拥有古老的供水系统，这一系统纵横交错、精巧独特，至今仍在有效地发挥着作用。丽江古城风景秀丽，将多种文化传统和谐交融，创造出美丽的城市景观。

详细描述

丽江古城建于 13 世纪的南宋末年，当时木氏先祖将统治中心由白沙迁至现在的狮子山下，新建“大叶场”（后称为大研），开始营造房屋城池。13 世纪 50 年代阿宗阿良归附元世祖忽必烈，大叶场成为地方行政中心。1382 年这一地区归明朝统治，朝廷修建了丽江军民府衙署。

1724 年，第一任丽江流官知府在金虹山下新建流官知府衙门、兵营、教授署、训导署等。1770 年，丽江军民府下增设丽江县。丽江古镇建于西北—东南方向的山坡上，面向一条深水河。

古城北部为商业区，区内的街道以宽阔的四方街为中心向四周延伸，四方街长久以来一直都是滇西北地区的商贸中心。四方街西侧为庄严的三层门楼——科贡坊，科贡坊两侧分别是西河与中河。

西河上设有水闸，利用西河与中河的高差冲洗街面，这是一种独特的城市清洁方式。街道由纹理细密的红色角砾岩铺就，水流顺势而下到双石桥，分为三条支流，再分成无数股支流，供给每所房舍。此外，城内还有许多泉井作为补充水源。复杂的水道系统需要众多大小不一的桥，这些桥共有 354 座，形状各异，丽江因此被称为“桥城”。丽江最具特色的建筑是纳西族民居，其木框架结构吸收了汉藏建筑元素，形成了独特的建筑风格。纳西族民居大多两层，为穿斗式构架，底层为土坯墙，顶层为木板墙，墙有石砌地基；外墙涂灰泥石膏，墙角通常砌砖；房舍为瓦屋顶，外面是外廊或厦子。

房舍内的装饰尤为重要，特别是通道的拱门、影壁、外廊、门窗、天井、顶梁等处，装饰带有浓郁民族文化的木雕，如花鸟等，做工精美，门拱的形态也十分典雅。

丽江军民府和木家院建于 1368 年的明代，位于古城东部。府衙分布在一条 286 米长的直线上，有厅、桥、塔、台、亭、宫殿等。府衙北部是木家院。清朝时府衙遭兵乱洗劫，仅有文亭、光碧楼、石牌坊得以保存。玉泉明清建筑群位于黑龙潭公园内，其中最为著名的是迁自福国寺的五凤楼（始建于 1601 年），现为云南省重点文物保护单位。除建于明朝的大研古城外，白沙民居建筑群位于丽江古城以北 8 千米处，曾是宋元时期丽江地区的中心。

• 丽江古城未受中原建城格局的影响，布局自由灵活，不拘一格

历史概述

自旧石器时代以来，丽江地区就一直有人居住。这里战国时期属秦国蜀郡，两汉时期为遂久县。

13世纪的南宋末年，木氏先祖将统治中心由白沙迁至现狮子山下，新建“大叶场”（后称为大研），开始营造房屋城池。

13世纪50年代阿宗阿良归附元世祖忽必烈，大叶场成为行政中心。1382年该地区归明朝统治，修建了丽江军民府衙署。阿甲阿得被赐姓“木”，并被封为世袭知府，1660年，该官衔得到了清政府的承认。这一时期，后继的木氏知府负责此地的扩建与维护。

1723年，朝廷改变政策，实行“改土归流”，改由朝廷委派流官任知府。第二年，第一任丽江流官知府在金虹山下新建流官知府衙门、兵营、教授署、训导署等。1770年，丽江军民府下增设丽江县。1912年，丽江废府留县。从此之后丽江一直是行政中心，为丽江纳西族自治县（现已撤销）县治所在。

丽江地区地震频发，古城于1481、1515、1624、1751、1895、1933、1951、1961、1977年经历了数次地震灾难，最近一次发生在1996年2月3日。地震造成了严重的财产损失与人员伤亡，特别是1951年的大地震。

- ［左页图］大研古镇内的街道如蛛网交错、四通八达，随地势和流水错落起伏，形成“曲、幽、窄、达”的风格
- ［右页图］丽江古城坐落在玉龙雪山下，玉龙雪山被当地人视为神山

• 古城中有独特的纳西东巴文化，在古城中随处都可以看到古老的东巴象形文字或图画

• 丽江古城作为世界文化遗产，由白沙古镇、束河古镇、大研古镇 3 个相对独立的单元组成，其主体部分是大研古镇

河北省
昌平区
顺义区
北京市
北京皇家园林：颐和园
海淀区
门头沟区
石景山区
北京★
通州区
丰台区
房山区
大兴区

20 * 北京皇家园林：颐和园

* Summer Palace, an Imperial Garden in Beijing

* 1998

* 文化遗产

* Cultural Heritage

• 颐和园以杭州西湖为蓝本，同时广泛仿建江南园林及山水名胜，将人工建筑与自然山水巧妙结合，是中国园林艺术顶峰时期的代表

北京颐和园，始建于1750年，1860年在战火中严重损毁，1886年在原址上重新进行了修缮。其亭台、长廊、殿堂、庙宇和小桥等人工景观与自然山峦和开阔的湖面和谐地融为一体，具有极高的审美价值，堪称中国景观园林设计中的杰作。

详细描述

以颐和园为代表的皇家园林是中国作为世界几大文明之一的有力象征。颐和园是中国的造园思想和实践的集中体现，而这种思想和实践在整个东方园林艺术形式的发展中起了关键性的作用。

1750~1764年，清代乾隆皇帝以昆明湖（元代水库）、万寿山为基址，扩湖改山，建成清漪园。第二次鸦片战争期间（1856~1860年）该园遭到英法联军破坏。1886~1895年，光绪皇帝为慈禧太后重建此园，更名为颐和园。1900年，颐和园又遭八国联军洗劫，两年后，颐和园得以修复。1924年，颐和园辟为对外开放公园。

颐和园占地约2.97平方千米，四分之三为湖水，以万寿山和昆明湖为主体，另有人造建筑。颐和园规模宏大，符合其皇家园林的身份，分为功能独立的三大区域：政治活动区、生活居住区、风景游览区。

政治活动区由东宫门进入，主要建筑仁寿殿气势恢宏，自身带有庭院花园。行政区与生活居住区直接相通。生活居住区包括三组大型建筑——乐

寿堂、玉澜堂和宜芸馆，分别为慈禧、光绪和后妃们居住的地方。建筑背倚万寿山，可一览昆明湖美景，共相互之间有走廊相通，东接大戏楼，西通长廊，廊长 728 米，枋梁上有彩画 1 万多幅。乐寿堂前有木制码头，供皇家成员经由水上进出。颐和园其余部分约占全园总面积的 90%，用于休闲观光。万寿山后相对陡峭，平静安宁，有溪水蜿蜒流过。湖光山色之间，分布着许多殿堂亭台。万寿山前的中心建筑为佛香阁，佛香阁为八面建筑，共 3 层，高 41 米，内有 8 根铁梨木巨柱支撑，阁顶覆多彩琉璃瓦。佛香阁东边为佛教建筑转轮藏殿，殿前立柱刻着颐和园的建造历程，西边为五方阁和铜铸的宝云阁。

佛香阁与湖水之间为排云殿，周围聚集着其他亭阁殿堂。昆明湖上有三岛，景色颇具江南风韵。

南湖岛通过十七孔桥与东堤相连。西堤仿照著名的杭州西湖苏堤（初建于 13 世纪宋朝年间）而建，沿堤建有六座桥，形态各异。

突出的普遍价值

北京颐和园前身是清代乾隆皇帝于 1750~1764 年间所建的御花园，时称清漪园，园内众多传统楼阁和殿堂交相辉映。颐和园利用昆明湖（元代

• 颐和园是汲取江南园林的设计手法而建成的一座大型山水园林

水库）、万寿山为基址，按照中国哲学“天人合一”的思想，融政治、办公、居住、文化、休闲功能于湖光山色之间。19世纪50年代第二次鸦片战争期间，清漪园遭到破坏，光绪皇帝为慈禧太后重建此园，更名为颐和园。尽管1900年颐和园再遭八国联军洗劫，但旋即得以修复。1924年，颐和园辟为对外开放公园。

行政区的主要建筑为会寿殿，由东宫门进入。与之相连的生活区包括三组建筑——乐寿堂、玉澜堂和宜芸馆，背倚万寿山，一览昆明湖美景。有走廊东接大戏楼，西通长廊。乐寿堂前有木制码头，供皇家成员经由水路进出。

园内其余90%为游览场所，园林建筑众多，包括佛香阁、转轮藏、五方阁、铜亭（宝云阁）、排云殿等。昆明湖上有三岛，符合中国园林追求“海上仙山”的传统建造模式。十七孔桥横卧湖上，连接东堤。西堤建有六桥，式样各异，独具特色。其他特色建筑包括万寿山北面的汉藏混合式寺庙建筑群，以及东北角的谐趣园。

颐和园集数百年皇家园林设计之大成，对后来的东方园林艺术及文化有重要影响。

遗产符合的遴选标准（i）：颐和园是中国景观园林造园艺术的杰作，将人造景观与大自然和谐地融为一体。

遗产符合的遴选标准（ii）：颐和园是中国的造园思想和实践的集中体现，而这种思想和实践在整个东方园林艺术的发展中起了关键性的作用。

遗产符合的遴选标准（iii）：以颐和园为代表的皇家园林是中国作为世界几大文明之一的有力象征。

• 从十七孔桥正中最大的孔，向桥两端数，各为数字“9”，而“9”为极阳数，是封建帝王最喜欢的吉利数字

• 颐和园是晚清最高统治者在紫禁城之外最重要的政治和外交活动中心，是中国近代历史的重要见证与诸多重大历史事件的发生地

• 昆明湖约占颐和园总面积的四分之三，原为北京西北部众多泉水汇聚成的天然湖泊，曾有七里泺、大泊湖等名称

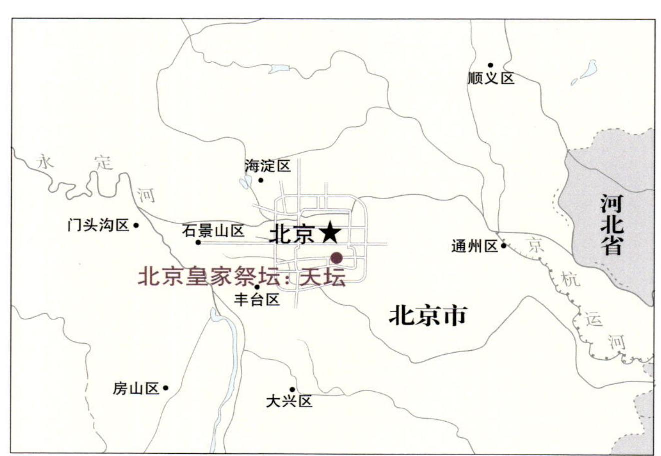
顺义区
海淀区
永定河
门头沟区
石景山区
北京★
北京皇家祭坛：天坛
丰台区
北京市
通州区
京杭运河
河北省
房山区
大兴区

21 * 北京皇家祭坛：天坛

* Temple of Heaven: an Imperial Sacrificial Altar in Beijing

* 1998

* 文化遗产

* Cultural Heritage

• 天坛的主要设计思想就是要突出天空的辽阔高远，以表现“天”的至高无上

21

天坛建于 15 世纪上半叶，坐落在一片皇家园林当中，四周古松环绕，是一处保存完好的坛庙建筑群。无论在整体布局还是单一建筑上，天坛都反映着中国古代宇宙观中占据核心位置的“天人”关系。同时，这些建筑还体现出帝王在天地之间所起的独特作用。

详细描述

天坛是建筑和景观设计之杰作，它朴素而鲜明地体现出一种极其重要的宇宙观，这种宇宙观对世界伟大文明之一的中华文明产生过重大影响。许多世纪以来，天坛所独具的象征性布局和设计，对远东地区的建筑和规划产生了深刻影响。2000 多年来，中国一直处于封建王朝的统治之下，而天坛的设计和布局正是这些封建王朝合法性之象征。

天地坛及其围墙建于明朝永乐十八年（1420 年）。天地坛中央为矩形的大祀殿，用于祭祀天地，西南隅建有斋宫。天地坛四周遍植松柏，强调“天人合一”。嘉靖九年（1530 年），天地分祭，在主殿以南另筑圜丘祭天，并在北京城的北、东、西郊分别建造地坛、日坛和月坛，分祀地、日、月，原来的天地坛则更名为天坛。

清乾隆十四年（1749 年）扩建圜丘坛，所用材料由蓝色琉璃改为汉白玉。两年后，清政府又对大享殿进行改造，并更名为“祈年殿”。1912 年中华民国成立，废除了祭天仪式。在此之前的近 500 年内，曾有 22 位明清皇帝在这里举行过 654 次祭天大典。自 1918 年之后，天坛公园开始向公众开放。

天坛位于北京城东南，距正阳门 3.5 千米。天坛风貌盛朗，总面积 273

• 祈年殿的圆形攒尖顶以及外部的台基和屋檐层层收缩上举，颇有拔地擎天之势，气势恢宏

祈年殿

公顷。其整体布局为方形，北围墙为弧形，南围墙与东西墙呈直角相交，象征古代“天圆地方”之说。这种空间上的布局代表了中国传统的宇宙观，正是在这种宇宙观的影响下，封建王朝的统治得以合法延续2000多年。

天坛的主体建筑均集中在南北向的中轴线上，主要祭祀建筑在内坛，一道东西横墙将内坛分为两部分，南为圜丘坛，北为祈谷坛，两坛由一座长360米的红砖铺就的通道相连，称为丹陛桥。天坛的主体圜丘有内外两层墙，外墙为方形，象征“地”，内墙为圆形，象征“天”，合起来代表“天圆地方”的宇宙思想。通过牌楼之后，进入圆形汉白玉平台，平台周围排列汉白玉栏杆，360根立柱代表古代中国农历一年360天。皇位设于最高平台的中间位置，代表皇帝为“天子”，连接天地。圜丘坛北边为皇穹宇，皇帝在这里祭祀，结束后返回斋宫。

天坛北面为祈谷坛，坛上为祈年殿，以一道长440米、宽25米的长廊与天坛相通。祈年殿与天坛一样，为三层圆形建筑，用料为汉白玉。三层屋顶覆盖蓝色琉璃瓦，皇帝在这里祈求丰年。祈年殿由木结构支撑，内部装饰极尽华丽。

突出的普遍价值

天坛是一组同在一条轴线上的坛庙建筑：露天的圜丘坛在南，圆锥顶的皇穹宇在北；皇穹宇通过神道与祈年殿相连。祈年殿是一座三重檐亭式圆殿。正是在这里，明清时代的帝王“接受”上天的旨意，供奉祭天，祈祷丰收。西边为斋宫，是皇帝祭祀之后斋戒的场所。天坛有内外两层墙，周围松柏环绕。外坛西墙内有神乐署和牺牲所。天坛建筑群共有92座古建筑，600多个房间，是中国现存最为完整的皇家祭祀建筑群，也是世界现存最大的祭天建筑群。

天坛从选址、规划、建筑到祭祀礼仪和祭祀乐舞，无不依据中国古代的阴阳五行学说，把古人对“天”的认识以及“天人”关系表现得淋漓尽致。历朝历代均筑坛祭天，而北京天坛作为中国古代文化的独特杰作，在中国众多祭祀建筑中最具代表性。

遗产符合的遴选标准（i）：天坛是建筑和景观设计之杰作，朴素而鲜明地体现出对中华文明产生过重大影响的一种极其重要的宇宙观。

遗产符合的遴选标准（ii）：许多世纪以来，天坛独具的象征性布局和设计，对远东地区的建筑和规划产生了深刻影响。

遗产符合的遴选标准（iii）：2000多年来，中国一直处于封建王朝的统治之下，而天坛的设计和布局正是这些封建王朝合法性之象征。

• 祈年殿为砖木结构，殿高38米，直径32米，三层重檐向上逐层收缩作伞状

• 天坛被两重坛墙分隔成内坛和外坛，形似“回”字，主要建筑都集中在内坛，南有圜丘坛和皇穹宇，北有祈年殿和皇干殿

广安
忠县
安岳
合川
四川省
大足石刻
大足
重庆
丰都
重庆市
永川
南川
綦江
泸州
道真
贵州省
赤水
长寿湖
嘉
陵
江
长
江
乌
江
涪
江

22

* 大足石刻
* Dazu Rock Carvings

* 1999

⊙

* 文化遗产
* Cultural Heritage

• 与敦煌莫高窟相比，大足石刻保存得更完整更好些，人物面部表情和整体表现的内容刻画得更丰富生动

• 宝顶山是佛教圣地之一，有“上朝峨眉，下朝宝顶”之说

大足地区的险峻山崖上保存着绝无仅有的系列石刻，时间跨度从公元 9 世纪到 13 世纪。这些石刻以极高的艺术品质、丰富多变的题材闻名遐迩，从世俗到宗教，鲜明地反映了中国这一时期的社会日常生活，充分表现了这一时期佛教、道教和儒家思想和谐相处的局面。

详细描述

大足石刻是中国封建王朝后期宗教信仰折衷主义的实物展现。传自印度的佛教与中国的道教、儒家和谐共存，有力地证明了当时的时代精神。大足石刻雕刻精美，题材多样，形态丰富，是中国石窟艺术的杰出代表。大足石刻的始凿年代可追溯到唐代初期的公元 650 年，但是直到公元 9 世纪末方渐大兴。公元 892 年，昌州刺史韦君靖首先在大足北山雕造佛像，唐朝灭亡后，他的做法仍被人们广泛效仿。宋朝初期，北山摩崖刻像活动停滞，直到北宋元丰年间才得以恢复，直至 1146 年完工，南山、石门山石刻群也同时完成。

北山悬崖上的石刻分为两段：北段有 100 组摩崖刻像，南段有 190 组。两组石刻共计石窟 264 龛、阴刻图一幅、经幢 8 座，另有刻像 10000 余尊。这些石刻大半以佛教密宗为题材，其次是三阶宗、净土宗等。北山石刻三分之一以上为 10 世纪中期刻像，其艺术特点是小巧玲珑，体态多变，神情潇洒，纹饰繁丽。宋朝的刻像人物个性鲜明，体态优美，比例匀称，穿戴艳丽。现存的七通碑碣对宋代的历史地理、宗教信仰、石窟断代分期、历史人物等的研究皆具重要价值。

南山崖面长 86 米，石刻大多为道教题材，其中 5 处保存得最为完好。12 世纪时，石刻遭到禁止，道教亦由早期的老君、“三官”崇拜演变为“三清”“四御”信仰。

石门山崖面长 72 米，为佛教、道教合一造像区，尤以道教造像最具特色。东岳大帝宝忏变相龛中的 92 身造像，反映出 10~13 世纪东岳大帝在道教神系中的突出地位。

1174~1252 年间，僧人赵智凤在宝顶山传播佛教密宗，创建密宗道场，

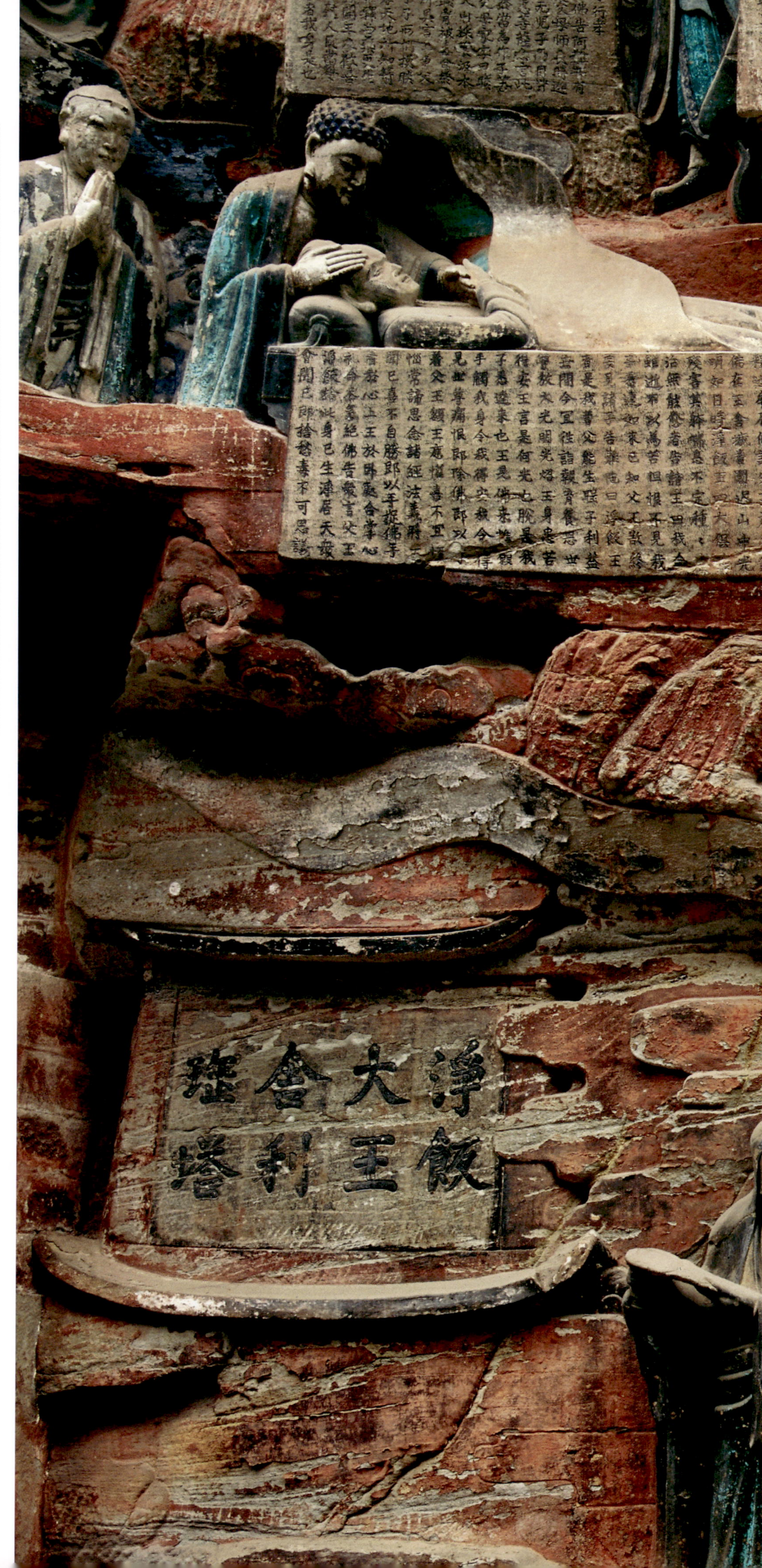

• 雕刻画面的故事是释迦牟尼的父亲生病去世，佛祖亲自为父亲抬棺，他的信徒在一旁双手合十，为他的父亲超度

吸引了全国的无数艺术大师前来。13 世纪末，战乱导致宝顶山造像中断。直到 15 世纪末的明代，此处摩崖造像活动才逐渐复苏，并延续至晚清。

宝顶山位于龙岗镇东北 15 千米处，位于一个“U”形的山湾上，长 500 米。这里的石刻造像有两组，第一组较小，称为小佛湾，坐落于山顶，与圣寿寺联系密切。圣寿寺与小佛湾同期建成，但后来遭受火灾，明清时代得以修复。第二组为大佛湾，位于圣寿寺西侧。宝顶山石刻把佛教的基本教义与中国儒家的伦理、理学的“心性”及道教的学说融为一体。在许多方面，宝顶山石刻都堪称中国石窟雕塑的最高代表。

兴起于 11 世纪晚期的石篆山石刻长 130 米，是典型的儒、释、道“三教”合一造像区，在中国石窟中实属罕见。

突出的普遍价值

重庆附近大足地区的悬崖峭壁上，保存着公元 9~13 世纪的五大石刻群。最大一处为北山摩崖石刻，刻像崖面长约 300 米，高 7~10 米，历史可追溯到 9 世纪末 ~12 世纪中期。北山摩崖造像 10000 多尊，题材涉及佛教密宗和道教，有关题刻反映了当时的时代状况、宗教信仰、历史人物的生活年代及身份地位。石篆山石刻为 11 世纪末的宋代石刻，刻像崖面长约 130 米，罕见地将佛、道、儒“三教”结合进行描绘。宋代的石门山石刻源于 12 世纪上半期，凿有刻像的崖面全长约 72 米，题材主要为佛教和道教。南山石刻为 12 世纪宋代的作品，崖面长 86 米，题材以道教为主。宝顶山的“U”

形峡谷石刻完美地展现了佛教密宗的风采，位于圣寿寺附近，包括12世纪末至13世纪中期的两组石刻群，描绘的是佛教密宗以及牧民的日常生活场景。

大足石刻以其规模宏大、雕刻精美、题材多样、内涵丰富、保存完整而著称于世。它代表了公元9~13世纪中国石窟艺术的最高水平。它不仅表现了中国佛教、道教、儒家“三教”和谐共处的场面，而且有力证明了石窟艺术中日益融入了日常生活题材。遗产区内大量的石刻形象和历史资料，展示了当时中国石刻艺术的风格和民间宗教信仰的发展变化。

遗产符合的遴选标准（i）：大足石刻雕刻精美，题材多样，形态丰富，是中国石窟艺术的杰出代表。

遗产符合的遴选标准（ii）：大足石刻中，传自印度的佛教与中国的道教、儒家文化和谐共存，有力地证明了当时的时代精神。

遗产符合的遴选标准（iii）：大足石刻证明了中国封建王朝后期宗教信仰的折衷主义。

• 大足石刻与敦煌莫高窟、云冈石窟、龙门石窟、麦积山石窟等皆为中国最有名的大石窟

寶頂山

• 宝顶山著名的“六道轮回图”。佛教中的人生观、世界观和最基本的教义都在这里表现出来

• 先于佛祖逝去的家眷。经书上说：释迦之母摩耶夫人于兜率天宫闻得释迦涅槃的消息，率众眷属从天而降

• 孔雀明王窟，壁上有 900 多尊菩萨，在聆听孔雀明王讲经说法

• 大足石刻有石刻造像 70 余处，总计 10 万余尊

鹰潭
铅山
江西省
龙泉
浦城
浙江省
武夷山
武夷山
资溪
光泽
松溪
邵武
建阳
政和
福建省
建瓯

23

* 武夷山

* Mount Wuyi

* 1999

* 文化与自然双重遗产

* Mixed Heritage

• 相传道教有三十六洞天、七十二福地，皆仙人居处游憩之地。武夷山被称为第十六洞天

UNESCO

武夷山是中国东南部最负盛名的生物多样性保护区，也是大量古代孑遗植物的避难所，其中许多为中国所特有。九曲溪两岸峡谷秀美，寺院庙宇众多，但其中也有不少早已成为废墟。这一地区为新儒家思想的发展和传播提供了良好的地理环境，自 11 世纪以来，新儒家思想对东亚地区文化产生了相当深刻的影响。公元 1 世纪时，汉朝统治者在城村附近建立了一处较大的行政首府，厚重坚实的围墙环绕四周，极具考古价值。

详细描述

武夷山拥有世界上最大的亚热带森林，是中国亚热带森林和南部雨林最大、最具代表性的例证。九曲溪的自然风光独树一帜，沿岸比肩并列的奇峰和光滑的峭壁，映衬着清澈深邃的溪水。长达 12 个世纪的时间内，武夷山美丽的景观一直得到很好的保护，有一系列宝贵的考古学遗址。武夷山是中国古代新儒家思想的摇篮。作为一种学说，新儒家思想曾在东亚和东南亚国家长期占据统治地位，并在哲学和政治方面影响了世界上许多地区。

武夷山植被多样，海拔不同，种类各异。此地共有 11 种植被类型，包括灌木林、矮林和山地草甸等，面积最大的是常绿阔叶林。

武夷山已知动物种类多样，包括大量珍稀动物，其中 49 种脊椎动物为中国特有，3 种为武夷山当地独有，分别是挂墩鸦雀及两种两栖动物。其他珍稀动物包括华南虎、云豹、金钱豹、黑麂、苏门羚、中国黑背雉、中国大鲵等。

武夷山地区具有重要的地质、地貌研究价值。此地火山活动频繁，地质多断层结构，在流水侵蚀、风化剥蚀、重力崩塌等综合作用之下，形成了曲折多弯的溪流和柱状、锥状悬崖以及岩洞等地貌景观。

早在公元前的夏朝，武夷山区已有先民居住。汉朝统一天下，武夷地区归入国家体制，当地统治者成为汉朝的诸侯，武夷山圣山的地位也得以确立。武夷山是中国最早的道教中心之一，山中建有许多道观；与此同时，佛教也得到极大发展，至 17 世纪已经全面超越了道教。

武夷山的文化特色集中在北端的两个区域。第一个区域在九曲溪沿岸及北部山间，那里的悬崖峭壁上有许多“架壑船棺”——一种形制奇特的棺柩，这些船棺出现于公元前 2000 年左右，目前仍保存完好。这一带还有 35 处古代书院遗迹，它们建于南宋到清朝之间，但大多仅余星点残骸，原有的 60 座寺庙庵堂也保留无几。此外，这里还分布着大量古代墓穴，最古老的可以追溯到公元前的商代。另外值得一说的是颇具特色的茶文化遗迹，11~16 世纪，这里曾有一座皇家茶园，专门生产贡茶。

另一个区域即城村汉代古城遗址，此遗址发现于 1958 年，古城四周的城墙保存完好，其布局体现了同期中国南方城市的设计原则；城内有 4 组大型建筑，考古学者初步认定其为当时的王宫或行政中心。

• 悬崖绝壁上遗留的“架壑船棺”和“虹桥板”，这是古越人特有的葬俗

突出的普遍价值

位于中国东南部福建省的武夷山，保存着大面积完整、多样的森林带，是中国中亚热带森林和南部雨林最大、最具代表性的例证。这里生长着许多古代孑遗植物，许多属中国独有。大量爬行类、两栖类动物和无数昆虫在这里栖息繁衍。

武夷山九曲溪宁静的自然风光独树一帜，沿岸比肩并列的奇峰和光滑的峭壁，映衬着清澈深邃的溪水。沿岸寺庵遗址众多，为新儒家思想的发展与传播提供了良好的条件。作为一种政治学说，新儒家思想自 11 世纪以来，在东亚国家影响深远。南宋至清朝间，此地建有儒家书院 35 处。此外，这里还有崖墓、碑刻、船棺以及众多文化遗址。

公元 1 世纪，汉朝统治者在城村附近建立了一处较大的行政首府，厚重坚实的围墙环绕四周，极具考古价值。

武夷山自然与文化遗产包括西部的武夷山自然保护区（56527 公顷）、中部的九曲溪生态保护区（36400 公顷）、东部的武夷山风景名胜区（7000 公顷）和武夷山古汉城遗址（48 公顷）4 个区域，前三个区域相互邻近，武夷山古汉城遗址则位于东南部 15 千米处。武夷山遗产区总共 99975 公顷，周围有 27888 公顷的缓冲区，其文化、景观、多样的生物都具有极高的价值。

遗产符合的遴选标准（iii）：受到保护达 12 个世纪之久的武夷山风景秀丽，拥有一系列的考古遗址，包括建于公元 1 世纪的汉城遗址，众多寺院，与 11 世纪的新儒家思想诞生密切相关的书院等。

遗产符合的遴选标准（v）：武夷山是中国古代新儒家思想的摇篮。作为一种学说，新儒家思想曾在东亚和东南亚国家中长期占据统治地位，并在哲学和政治方面影响了世界上很多地区。

遗产符合的遴选标准（vii）：九曲溪东部风景区的地貌颇为壮观，为典型的丹霞地貌。九曲溪沿岸的奇峰和峭壁，高出河床 200~400 米，映衬

着清澈的河水，萦回环绕 10 余千米。峭壁上古老的小道尤其重要，游客可以在这里“鸟瞰”九曲溪。

遗产符合的遴选标准（x）：武夷山保存着大面积完整、多样的森林带，是中国中亚热带森林和南部雨林最大、最具代表性的例证。它保存着大量古代孑遗植物物种，其中很多是中国独有的；大量爬行类、两栖类动物和无数昆虫在这里栖息繁衍。

- ［左页图］九曲溪沿岸的奇峰峭壁景色变幻多端，令人惊叹
- ［右页图］武夷山南 20 千米有一座始建于宋代的古村，村里有明清风格的古民居 40 余座，多有砖雕装饰的门楼

• 武夷山是三教名山，自秦汉以来，此地就为羽流禅家的修行地

• 城村汉城遗址是中国长江以南地区保存得最为完整的汉代古城之一

• 武夷山号称“华东屋脊”，是世界同纬度带保存最完整的中亚热带森林生态系统

• 武夷山境内群山层叠，海拔 1800 米以上的山峰多达 30 余座

铜陵
宣城
怀宁
池州
泾县
宁国
安庆
安徽省
旌德
武昌湖
长
江
东至
皖南古村落：西递、宏村
祁门
黟县
歙县
浙江省
黄山
江西省
建德
新安江水库
景德镇

24 * 皖南古村落：西递、宏村

* Ancient Villages in Southern Anhui: Xidi and Hongcun

* 2000

⊙ * 文化遗产

* Cultural Heritage

• 错落有致的民居，横在湖中的石桥长堤，倒映的天光与背倚的青山，远近虚实，相映成趣

• 西递村的发展得益于婺源胡氏家族的发展

• 宏村坐落于黄山南麓，至今已有近千年的历史

西递、宏村这两个传统古村落在很大程度上仍然保持着在20世纪已经消失或改变了的乡村面貌。其街道规划、古建筑和装饰以及供水系统完备的民居都是非常独特的文化遗存。西递和宏村生动地展现了封建社会商贸经济繁荣的人居环境。其建筑结构和布局，反映了中国历史上长期存在的社会经济结构。

详细描述

宏村建于1131年，当时，汉朝龙骧将军汪文和的后裔汪彦济，举家由奇墅村迁至雷岗山附近，建造了13所房屋，这就是后来的宏村。这个村庄经历了两个繁荣阶段，分别在1401~1620年和1796~1908年间。汪氏家族或经商，或为官，积累了大量的财富，他们在家乡修建了许多豪华的建筑。1405年，在风水先生的建议下，汪氏家族开凿了一条水渠，引西河水入村。大约两百年后，汪氏家族又修建了南湖，至此村子的供水系统全部完工。19~20世纪早期，宏村建设了大批气势宏伟的公共建筑，如南湖书院（1814年）、德义堂（1888年）、敬修堂（1890年）、承志堂（建于1855年，1911年重建）等。20世纪50年代后，宏村像西递一样走向衰落，但仍保留着许多精美的建筑和别具一格的供水系统。

宏村位于雷岗山脚下，面朝南方，村子的中心位于两侧山水的中点。露天的水道流经村中每家每户，形成两个池塘，一个位于村子中央（月塘），另一个位于村南（南湖）。村中的大街小巷沿着水道延伸，呈棋盘格局，使得整个村子看上去十分独特。

西递旧称“西川”，因有3条溪流由东而西穿村而过，故此得名；又因在村西1.5千米处有一所古代的驿站，即“铺递所”，所以村庄得名西递。

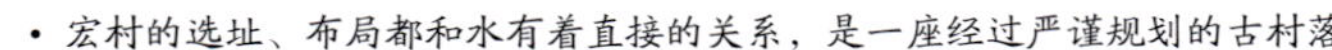
• 宏村的选址、布局都和水有着直接的关系，是一座经过严谨规划的古村落

24

西递村的发展得益于婺源（今新安）胡氏家族的发展。据说当年唐昭宗被迫放弃皇位，胡家收养了他的一个儿子，取名为胡昌翼。胡昌翼的一个后裔在 1047 年从婺源搬迁至西递村，几个重要的私人宅邸及公共建筑由此开始兴建。从 17 世纪中叶到 1850 年，胡氏家族在政商两界都声势显赫。明清时代，胡氏家族成员多为朝廷官员，许多人肄业于国子监。

18~19 世纪，西递迎来鼎盛时期，村里共有 600 多座民居。然而，20 世纪中叶，随着徽商的衰落和封建宗族的瓦解，西递村也停止了扩张。

西递村四面环山，所有街巷均以黟县青石铺地。许多窄巷与主街道交会，在敬爱堂、履福堂、刺史牌楼等公共建筑之前有小广场。古建筑空间宽敞，基本都是木结构、砖墙，以精美的雕刻装饰其中。村中有 3 条河流，分别为前河、后河与金河，它们穿村而过，在村南会源桥汇聚。村内建筑大都依水而建，独具特色。

民居气势宏伟，无愧于“堂”的称谓。这些民居的平面布局很复杂，但基本结构大同小异，用料与装饰也近乎一致。出于安全考虑，房屋外墙开有很小的窗户，以花岗岩雕刻而成，饰以植物或几何图案。许多民居有私家花园，通常都在前院，巧妙地利用了有限的空间。

突出的普遍价值

西递和宏村位于安徽省南部的黟县，地域文化鲜明，主要经济收入来源于经商，社会组织以宗族为单位。两村的整体布局、景观、建筑风格、装饰以及建筑技术都保留了 14~20 世纪皖南村落的传统特色。

深受近代安徽传统文化的影响，西递和宏村由荣归故里的官员、商人所建，逐渐发展成传统中国村落结构。西递四面环山，村内 3 条河流从东向西穿过，在村南会源桥汇聚。宏村地处山脚下，紧靠一条小河，河水形成了两个水塘，一个为村子中央的“月塘”，另一个在村南。

两个村庄有着共同的特点：空间变化灵活，小巷平和安宁，水流宛转，风景如画，反映了人们追求与自然和谐共处、天人合一的美好理想。朴素典雅的色彩、精致雕刻的山墙、品位高雅的装饰，无不体现了徽派建筑精致独特的风格。严格的宗法制度及温和质朴的民风反映了封建社会的士大夫思想，体现出了对儒家学说的尊崇。这些村落有着 600 多年的历史，具有重要的科学、文化和美学价值，是研究当地历史和文化的宝贵资源。

遗产符合的遴选标准（iii）：西递和宏村生动地展现了封建社会商贸经济繁荣的人居环境。

遗产符合的遴选标准（iv）：两个村落的建筑结构和街道布局，反映了中国历史上长期存在的社会经济结构。

遗产符合的遴选标准（v）：西递、宏村这两个传统古村落在很大程度上，仍然保持着在 20 世纪便已消失了的中国乡村的面貌。

• 西递原称“西川”，因古时此地有递送邮件的驿站，故而得名“西递”，素有“桃花源里人家”之称

恩榮

• 历经数百年社会的动荡和风雨的侵袭，虽然半数以上的古民居、祠堂等建筑已毁，但西递仍保留下数百幢古民居

the 30th year
Dynasty(1691 A.D.)hou-
residence wh-

• 村中各家的富丽宅院，精巧的花园以及精美的木雕，绚丽的彩绘、壁画，都体现着中国古代艺术的精华

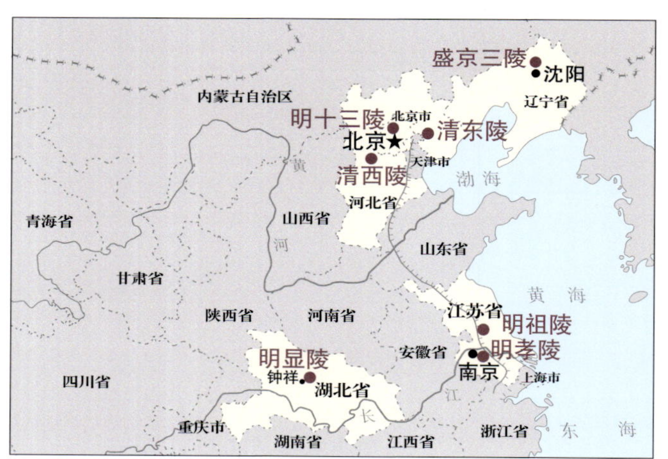
盛京三陵
沈阳
内蒙古自治区
辽宁省
明十三陵
北京市
清东陵
北京
天津市
清西陵
黄
渤海
河北省
青海省
山西省
河
山东省
甘肃省
黄海
陕西省
河南省
江苏省
明祖陵
明孝陵
安徽省
明显陵
南京
钟祥
上海市
四川省
湖北省
江
长
重庆市
湖南省
江西省
浙江省
东海

25 ＊ 明清皇陵

＊ Imperial Tombs of the Ming and Qing Dynasties

＊ 2000, 2003, 2004

＊ 文化遗产

＊ Cultural Heritage

• 十三陵神道边呈站、卧姿的骆驼、大象、狮子等动物石像，象征王朝疆域的辽阔

• 明孝陵坐落于南京市钟山南麓独龙阜玩珠峰下，是明太祖朱元璋与其皇后的合葬陵墓

• 十三陵的拱形桥，在石桥中是等级最高的一种

明清皇陵建于1368~1915年间，分布于北京市、河北省、湖北省、江苏省和辽宁省，包括2000年列入《世界遗产名录》的明显陵、清东陵、清西陵，2003年又增录了位于南京的明孝陵、位于江苏盱眙的明祖陵和位于北京的明十三陵，2004年增录了位于辽宁沈阳的“盛京三陵”（永陵、福陵和昭陵，均为清朝皇陵）。皇家陵寝是500多年来在该地占据统治地位的文化与建筑传统的有力见证。它们与自然环境完美地融为一体，呈现出独特的文化景观。

详细描述

从远古时代起，中国的统治者就非常重视修建气势宏大的陵墓，这反映出他们对来生的向往以及对权力合法性的维护。1368年，明朝建立，统治者随即对陵墓开始整体规划。他们按照严格的标准选址，并建造多功能的建筑群，以期达到自然环境与建筑的和谐统一。所选地址往往是平地或宽阔的山谷，必须面南背北依山而建，两侧须有山体环护，至少有一条水道。为了达到与自然环境和谐一致，还要沿数千米长的主要通道修建若干建筑物。通道称为神道，可分成几支次要通道，通向其他陵墓。

进入5个门的柱廊标志着神道的开端，神道经过若干建筑，特别是内有圣德碑的碑亭。向前延伸，经过两侧的石柱、成对的代表动物及将军大臣的石像、石桥、龙凤门等，到达一组建筑，包括沉思殿——其两侧有侧亭和纪念塔。最后通向有围墙的墓冢，其下即为棺室。围绕在陵墓四周的庄严氛围，使其看上去越发神圣。

明显陵位于湖北省钟祥市，距北京城1000多千米。最早在此地兴建陵墓的是兴王，他计划去世后葬于此地。1519年，兴王薨，依据宗谱，被尊为皇帝。此后显陵按照明朝帝陵规制升级改造，并为其家人（包括皇后）另建陵墓。

• 明十三陵的神道。陵寝建造首重选址和布局，严格遵循风水理念和传统。大环境会有山环水绕，而神道长达数千米，气势恢宏

清西陵包括 14 座陵寝和两组建筑——永福寺和行宫，行宫是皇室成员祭拜祖先时居住的场所。这里自然风景秀丽，主要得益于优雅的百年松林。

清东陵有 15 座陵寝，葬有皇帝、皇后、嫔妃、公主等 161 人，其中有积极推进中国发展的康熙和乾隆两位皇帝，还有在 19 世纪下半叶垂帘听政统治中国的慈禧太后。

1636 年，满族在满洲里建立政权，建立了清朝，“盛京三陵”即建于清朝建都沈阳期间。永陵始建于明朝末年，是福满王及其家人的陵墓；1636 年，清帝皇太极赐名“兴京陵”；1648 年，顺治皇帝追封 4 位祖先为皇帝，又于 1651 年将永陵所在地命名为“启运山”。福陵建于 1629~1644 年，1645~1688 年进行了修复扩建。昭陵始建于 1643~1651 年，18 世纪下半叶进行了扩建。

突出的普遍价值

明清皇陵遵照中国传统风水理论，所在地点及无数传统建筑风格和装饰均经过精心设计、挑选。陵墓与建筑按照严格的等级制度布局，两边排列着石碑和石像的神道专为举行皇家典礼设计，也是亡灵的通道。明清皇陵充分体现了 500 多年间明清统治者对修建壮观陵墓的重视，不仅反映了对来生的普遍信仰，也是权力的象征。

明朝开国皇帝的陵寝——孝陵，打破过去的传统，为后来北京的明朝

- ［左页图］皇陵之内，所有的山体、水系、林木植被都作为陵寝的构成要素来统一布局和安排
- ［右页图］清西陵泰陵（雍正帝陵墓）中轴线金水桥及碑亭，位于河北易县（聂名 / FOTOE）

皇陵、湖北省钟祥市的明显陵、位于河北的清东陵和清西陵树立了设计榜样。位于辽宁省的清代三大皇陵（永陵、福陵和昭陵）均为开创清朝皇室基业的皇帝及其祖先所建，将以前朝代的传统和满族文化的新特征融为一体。

明清皇家陵寝与自然有机结合在一起，是人类创作才华的典范，是14~20世纪中国历史上最后的两大封建王朝——明朝和清朝的文化与建筑传统的独特证明。陵寝巧妙地结合汉、满两族的建筑艺术，其选址、布局、设计既体现了风水学和“天人合一”的哲学思想，也体现出社会等级制度的严格，生动展现了中国古代社会末期盛行的世界观和权力观。

遗产符合的遴选标准（i）：非凡的建筑群与按照风水理论精心挑选的自然环境和谐地融为一体，使明清皇家陵寝成为人类创作天才的杰作。

遗产符合的遴选标准（ii）：明清皇家陵寝将先前的传统融于明清时代的外形，代表了一个新的发展阶段，也为后来的发展奠定了基础。

遗产符合的遴选标准（iii）：明清皇家陵寝是500多年来占据统治地位的文化与建筑传统的有力见证。

遗产符合的遴选标准（iv）：明清皇家陵寝建筑与自然环境完美地融为一体，呈现出独特的文化景观，是中国古代皇家陵墓的典范。

遗产符合的遴选标准（vi）：光彩夺目的明清皇家陵寝生动地展现了中国封建社会盛行的宗教信仰、世界观以及风水学说。这些宏大的建筑物不仅是那些君主及眷属的安葬之地，也是中国历史上许多重大事件的舞台。

- [左上图] 永陵是努尔哈赤远祖、曾祖、祖父、父亲、伯父、叔父的陵园，可谓清代皇家的祖坟（安保权 / FOTOE）
- [左中图] 清福陵是清太祖努尔哈赤和孝慈高皇后叶赫那拉氏的陵墓，因地处沈阳东郊，故又称东陵（尹楠 / FOTOE）
- [左下图] 清昭陵是清朝开国皇帝皇太极与孝端文皇后的合葬陵墓，是清入关前“关外三陵”中规模最大、气势最宏伟的一座（尹楠 / FOTOE）
- [右页图] 江苏盱眙县明祖陵神道石雕。明祖陵是明朝开国皇帝明太祖朱元璋之高祖、曾祖、祖父的衣冠冢（杜宗军 / FOTOE）

• 明清皇陵体现了中国封建社会的皇家丧葬制度和千百年来封建社会的宇宙观、生死观、道德观和习俗

• 赑屃，又名霸下，龙生九子之首， 形似龟，好负重，多出现在煊赫的墓地

• 经过数百年的风雨侵蚀，明裕陵已多有损毁，方城明楼上的木构和瓦件破损严重

• 明显陵是明世宗嘉靖皇帝的父亲恭睿献皇帝朱祐杬、母亲章圣皇太后的合葬墓，位于湖北省钟祥市城北 7.5 千米的纯德山（尹楠 / FOTOE）

• 石马雕塑，河北遵化清东陵（张源耕 / FOTOE）

索
index
引

- 注 -
本书索引以汉语拼音首字母排序。

B

*

北京皇家祭坛：天坛
Temple of Heaven: an Imperial Sacrificial Altar in Beijing
1998
—
文化遗产　Cultural Heritage
*

天坛建于15世纪上半叶，坐落在一片皇家园林当中，四周古松环绕，是一处保存完好的坛庙建筑群。无论在整体布局还是单一建筑上，天坛都反映着中国古代宇宙观中占据核心位置的“天人”关系。同时，这些建筑还体现出帝王在天地之间所起的独特作用。

［亚洲甲卷（p.294-p.303）］

*

北京皇家园林：颐和园
Summer Palace, an Imperial Garden in Beijing
1998
—
文化遗产　Cultural Heritage
*

北京颐和园，始建于1750年，1860年在战火中严重损毁，1886年在原址上重新进行了修缮。其亭台、长廊、殿堂、庙宇和小桥等人工景观与自然山峦和开阔的湖面和谐地融为一体，具有极高的审美价值，堪称中国景观园林设计中的杰作。

［亚洲甲卷（p.282-p.293）］

C

*

长城
The Great Wall
1987
—
文化遗产　Cultural Heritage
*

公元前220年，秦始皇下令将早期修建的一些分散的防御工事连接成一个完整的防御系统，用以抵抗来自北方的侵略。长城的修建一直持续到明代，终于建成世界上最大的军事设施。长城在建筑学上的价值，足以与其在历史和战略上的重要性相媲美。

［亚洲甲卷（p.002-p.019）］

*

承德避暑山庄及其周围寺庙
Mountain Resort and its Outlying Temples, Chengde
1994
—
文化遗产　Cultural Heritage
*

承德避暑山庄是清朝的夏季行宫，位于河北省境内，修建于1703~1792年，是由众多的宫殿及其他处理政务、举行仪式的建筑构成的一个庞大的建筑群。建筑风格各异的庙宇和皇家园林同周围的湖泊、牧场和森林巧妙地融为一体。避暑山庄具有极高的美学价值，而且保留着中国封建社会末期的罕见历史遗迹。

［亚洲甲卷（p.188-p.197）］

D

*

大足石刻
Dazu Rock Carvings
1999
—
文化遗产　Cultural Heritage
*

大足地区的险峻山崖上保存着绝无仅有的系列石刻，时间跨度从公元9世纪到13世纪。这些石刻以极高的艺术品质、丰富多变的题材闻名遐迩，从世俗到宗教，鲜明地反映了中国这一时期的社会日常生活，充分表现了这一时期佛教、道教和儒家思想和谐相处的局面。

［亚洲甲卷（p.304-p.321）］

E

*

峨眉山和乐山大佛
Mount Emei Scenic Area, including Leshan Giant Buddha Scenic Area
1996
—
文化与自然双重遗产　Mixed Heritage
*

公元1世纪，在四川省峨眉山景色秀丽的山巅上，落成了中国第一座佛教寺院。随着四周其他寺庙的建造，此地成为佛教的圣地之一。许多世纪以来，这里的文化财富大量积淀，其中最著名的当属乐山大佛，它是公元8世纪时人们在一座山岩上雕凿出来的，俯瞰着三水交汇之所。佛像身高71米，堪称世界之最。峨眉山还以物种繁多、种类丰富的植物而闻名天下，从亚热带植物到亚高山针叶林可谓应有尽有，有些树木树龄已逾千年。

［亚洲甲卷（p.226-p.245）］

H

*

黄龙风景名胜区
Huanglong Scenic and Historic Interest Area
1992
—
自然遗产　Natural Heritage
*

黄龙风景名胜区位于四川省西北部，是由众多雪峰和中国最东边的冰川组成的山谷。除了高山景观，人们还可以在这里发现各种不同的森林生态系统及壮观的石灰岩构造、瀑布和温泉。这一地区还生存着许多濒临灭绝的动物，包括大熊猫和四川疣鼻金丝猴。

［亚洲甲卷（p.116-p.129）］

*

黄山
Mount Huangshan
1990
—
文化与自然双重遗产　Mixed Heritage
*

黄山被誉为“震旦国中第一奇山”，在中国历史上的鼎盛时期，通过文学和艺术的形式（例如16世纪中叶的“山”“水”风格）受到广泛的赞誉。今天，黄山以其壮丽的景色——生长在花岗岩石上的奇松和浮现在云海中的怪石而著称，对于从四面八方来到这个风景胜地的游客、诗人、画家和摄影家而言，黄山具有永恒的魅力。

［亚洲甲卷（p.098-p.115）］

J

*

九寨沟风景名胜区
Jiuzhaigou Valley Scenic and Historic Interest Area
1992
—
自然遗产　Natural Heritage
*

九寨沟位于四川省北部，面积约72000公顷，曲折狭长的九寨沟山谷海拔约4800米，因而形成了一系列多样的森林生态系统。壮丽的景色因一系列狭长的圆锥状喀斯特地貌和壮观的瀑布而更加充满生趣。山谷中现存鸟类约140种，还有许多濒临灭绝的动植物物种，包括大熊猫和四川扭角羚。

［亚洲甲卷（p.130-p.145）］

L

*

丽江古城
Old Town of Lijiang
1997
—
文化遗产　Cultural Heritage
*

古城丽江把经济和战略重地与崎岖的地势巧妙地融合在一起，真实、完美地保存和再现了古朴的风貌。古城的建筑历经数个世纪的洗礼，因融汇了各个民族的文化特色而声名远扬。丽江还拥有古老的供水系统，这一系统纵横交错、精巧独特，至今仍在有效地发挥着作用。丽江古城风景秀丽，将多种文化传统和谐交融，创造出美丽的城市景观。

［亚洲甲卷（p.270-p.281）］

*

拉萨布达拉宫历史建筑群
Historic Ensemble of the Potala Palace, Lhasa
1994, 2000, 2001
—
文化遗产　Cultural Heritage
*

布达拉宫自公元7世纪起就成为达赖

喇嘛的冬宫，象征着藏传佛教在历代行政统治中的中心地位。布达拉宫坐落在拉萨河谷中心海拔 3700 米的红山之上，由白宫和红宫及附属建筑组成。大昭寺也建造于公元 7 世纪，是一组极具特色的佛教建筑群。建造于 18 世纪的罗布林卡，曾经是达赖喇嘛的夏宫，也是西藏艺术的杰作。这 3 处遗址的建筑精美绝伦，设计新颖独特，加上丰富多样的装饰以及与自然美景的和谐统一，更增添了其在历史和宗教上的重要价值。

[亚洲甲卷（p.170-p.187）]

*

庐山国家公园
Lushan National Park
1996

—

文化遗产 Cultural Heritage

*

江西庐山是中华文明的发祥地之一。这里的佛教、道教庙观及儒学的里程碑建筑，完全融汇在美不胜收的自然景观之中，赋予无数艺术家以灵感，而这些艺术家开创了中国文化中对于自然的审美方式。

[亚洲甲卷（p.212-p.225）]

M

*

莫高窟
Mogao Caves
1987

—

文化遗产 Cultural Heritage

*

莫高窟地处丝绸之路的一个战略要点。它不仅是东西方贸易的中转站，同时也是宗教、文化和知识的交汇处。莫高窟的 492 个小石窟和洞穴庙宇，以其雕像和壁画闻名于世，展示了延续千年的佛教艺术。

[亚洲甲卷（p.034-p.049）]

*

明清故宫：北京故宫和沈阳故宫
Imperial Palaces of the Ming and Qing Dynasties in Beijing and Shenyang
1987, 2004

—

文化遗产 Cultural Heritage

*

在 5 个多世纪的时间里，北京紫禁城一直是中国的最高权力中心。它和北京城中的园林以及众多建筑一起构成了明清时期中华文明的无价见证。沈阳故宫建于 1625~1636 年间，共有 114 座建筑，其中包括一座极为珍贵的藏书楼。在中国最后一个王朝——清朝将权力扩大到全国、迁都北京之前，沈阳故宫见证了清朝统治的建立，后来成为北京故宫的附属皇宫建筑。这座雄伟的建筑为清朝历史以及满族和中国北方其他部族的文化传统，提供了重要的历史证明。北京故宫于 1987 年被列入《世界遗产名录》，2004 年沈阳故宫作为其扩展项目也被列入其中，目前称为明清故宫：北京故宫和沈阳故宫。

[亚洲甲卷（p.078-p.097）]

*

明清皇陵
Imperial Tombs of the Ming and Qing Dynasties
2000, 2003, 2004

—

文化遗产 Cultural Heritage

*

明清皇陵建于 1368~1915 年间，分布于北京市、河北省、湖北省、江苏省和辽宁省，包括 2000 年列入《世界遗产名录》的明显陵、清东陵、清西陵，2003 年又增录了位于南京的明孝陵、位于江苏盱眙的明祖陵和位于北京的明十三陵，2004 年增录了位于辽宁沈阳的“盛京三陵”（永陵、福陵和昭陵，均为清朝皇陵）。皇家陵寝是 500 多年来在该地占据统治地位的文化与建筑传统的有力见证。它们与自然环境完美地融为一体，呈现出独特的文化景观。

[亚洲甲卷（p.354-p.377）]

P

*

平遥古城
Ancient City of Ping Yao
1997

—

文化遗产 Cultural Heritage

*

平遥古城建于 14 世纪，是现今保存较完整的汉民族城市的杰出范例。其城镇布局集中反映了 5 个多世纪以来，中国的建筑风格和城市规划发展的情况。特别值得一提的是，由于 19~20 世纪初期平遥是整个中国的金融中心，所以这里与银行业有关的建筑格外雄伟。

[亚洲甲卷（p.246-p.257）]

Q

*

曲阜孔庙、孔林和孔府
Temple and Cemetery of Confucius and the Kong Family Mansion in Qufu
1994

—

文化遗产 Cultural Heritage

*

孔子是公元前 6 至前 5 世纪伟大的哲学家、政治家和教育家。孔庙、孔林和孔府位于山东省的曲阜。孔庙是公元前 478 年为纪念孔子而兴建的，千百年来屡毁屡建。今天的孔庙拥有 100 多座建筑。孔林里不仅容纳了孔子的坟墓，而且他的后裔中，有超过 10 万人也葬在这里。当初小小的孔宅如今已经扩建成一个庞大显赫的府邸，整个宅院保留了 152 座建筑。曲阜的古建筑群之所以具有独特的艺术和历史特色，应归功于 2000 多年来中国历代帝王对孔子的大力推崇。

[亚洲甲卷（p.198-p.211）]

*

秦始皇陵及兵马俑坑
Mausoleum of the First Qin Emperor
1987

—

文化遗产 Cultural Heritage

*

毫无疑问，如果不是 1974 年被偶然发现，这座考古遗址中的成千上万件陶俑将依旧沉睡于地下。第一位统一中国的皇帝秦始皇，殁于公元前 210 年，葬于陵墓的中心，在他周围环绕着那些著名的士兵陶俑。结构复杂的秦始皇陵是仿照其生前的都城——咸阳的格局设计建造的。这些陶俑形态各异，连同战马、战车和武器，成为现实主义的完美杰作，同时也具有极高的历史价值。

[亚洲甲卷（p.020-p.033）]

S

*

苏州古典园林
Classical Gardens of Suzhou
1997, 2000

—

文化遗产 Cultural Heritage

*

没有任何地方比历史名城苏州的九大园林更能体现中国古典园林设计“咫尺之内再造乾坤”的理想。苏州园林被公认为实现这一设计思想的杰作。这些建造于 11~19 世纪的园林，以其精雕细琢的设计，折射出中国文化取法自然而又超越自然的深邃意境。

[亚洲甲卷（p.258-p.269）]

T

*

泰山
Mount Taishan
1987

—

文化与自然双重遗产 Mixed Heritage

*

几千年来，庄严神圣的泰山一直是帝王朝拜的对象。山中的人文杰作与自然景观完美和谐地融为一体。泰山一直是中国艺术家和学者的精神源泉，是古代中国文明和信仰的象征。

[亚洲甲卷（p.050-p.063）]

W

*

武当山古建筑群
Ancient Building Complex in the Wudang Mountains
1994

—

文化遗产　Cultural Heritage

*

武当山古建筑群体现了杰出的建筑艺术和技术，代表了近千年来中国艺术和建筑所取得的最高水平。这些建筑是宗教和世俗建筑的典型代表，与道教在中国的发展有着紧密的联系，并且得到了历代帝王的大力支持。作为规模超群、保存良好的道教建筑群，武当山古建筑群是研究明代早期政治情况及中国宗教历史的重要证据。

［亚洲甲卷（p.156-p.169）］

*

武陵源风景名胜区
Wulingyuan Scenic and Historic Interest Area
1992

—

自然遗产　Natural Heritage

*

武陵源位于中国湖南省境内，景色奇丽壮观，面积26000多公顷，景区内最独特的景观是3000余座尖细的砂岩柱和砂岩峰，大部分都有200多米高。在峰峦之间，沟壑、峡谷纵横，溪流、池塘和瀑布随处可见，景区内还有40多个石洞和2座天然形成的巨大石桥。除了迷人的自然景观，该地区还因庇护着大量濒临灭绝的动植物物种而引人注目。

［亚洲甲卷（p.146-p.155）］

*

皖南古村落：西递、宏村
Ancient Villages in Southern Anhui: Xidi and Hongcun
2000

—

文化遗产　Cultural Heritage

*

西递、宏村这两个传统古村落在很大程度上仍然保持着在20世纪已经消失或改变了的乡村面貌。其街道规划、古建筑和装饰以及供水系统完备的民居都是非常独特的文化遗存。西递和宏村生动地展现了封建社会商贸经济繁荣的人居环境。其建筑结构和布局，反映了中国历史上长期存在的社会经济结构。

［亚洲甲卷（p.338-p.353）］

*

武夷山
Mount Wuyi
1999

—

文化与自然双重遗产　Mixed Heritage

*

武夷山是中国东南部最负盛名的生物多样性保护区，也是大量古代孑遗植物的避难所，其中许多为中国所特有。九曲溪两岸峡谷秀美，寺院庙宇众多，但其中也有不少早已成为废墟。这一地区为新儒家思想的发展和传播提供了良好的地理环境，自11世纪以来，新儒家思想对东亚地区文化产生了相当深刻的影响。公元1世纪时，汉朝统治者在城村附近建立了一处较大的行政首府，厚重坚实的围墙环绕四周，极具考古价值。

［亚洲甲卷（p.322-p.337）］

Z

*

周口店“北京人”遗址
Peking Man Heritage at Zhoukoudian
1987

—

文化遗产　Cultural Heritage

*

周口店“北京人”遗址位于北京市西南约42千米处，如今遗址的科学考察工作仍在进行中。到目前为止，科学家已经发现了中国猿人属“北京人”的遗迹，他们大约生活在中更新世时代，同时发现的还有各种各样的生活物品以及可以追溯到公元前18000至前11000年的新人类的遗迹。周口店遗址不仅是有关远古时期亚洲大陆人类社会的一个罕见的历史证据，而且也阐明了人类进化的进程。

［亚洲甲卷（p.064-p.077）］

后记
Postscript

一个人的“朝圣”之旅

*

闭上眼，我便可以看到童年的生活。清晨醒来，透过床栏望去，阳光暖暖地射入嵌着玻璃的方格木窗。窗下奶奶吸着一根香烟，盘着小脚坐在茶桌前，桌上摆着一杯清茶，烟雾徐徐上升，缭绕在阳光中……在那充满呵护的环境中成长起来的我，对这个世界产生了爱。

一

我患有先天性心脏病，母亲带我去医院，医生说我活不到 30 岁。后来做了手术，人活了下来。可以说我捡了一条命，所以比常人更加珍惜生命。我时常在想，人生总得干点儿什么，这样才对得起爱过我和救过我的人，才不枉此生。

1988 年我到日本留学。一天，在银座的路上匆匆行走，突然看到索尼大楼的墙面上挂着一幅秘鲁的空中城市——马丘·比丘的巨型图片。我被印加帝国遗址那神秘的景色所震撼，定住脚久久不愿离去，心中有个呼唤：“今生一定要去这个地方。”后来，我得知那是一张联合国教科文组织宣传保护世界遗产的广告照片。自那时起，我萌生了拍摄世界遗产的想法，我要把它们介绍给中国和全世界。虽然，在资金和时间方面我并不富有，甚至远不如他人，但我以为实现人生的追求，重要的是爱和勇气。

我的父母是军人，我也曾经历过军旅生涯，军人是无所畏惧的，“两军相峙勇者胜”是我的座右铭。

就这样，我一脚踏上拍摄世界遗产的漫漫长途，从此不再回头。

二

1994 年 5 月 9 日下午 4 时，当飞机缓缓降落在巴黎机场时，我透过舷窗俯瞰绿草如茵的法兰西大地，心潮激荡，不能自已。我带着一个雄心勃勃的环球旅行计划来了。这是我世界遗产之旅的开始，也是我崭新人生的开端。我一遍遍地告诉自己：活着真是太美好、太有价值了！

那一次，我在巴黎逗留了三天，然后先乘火车，再转汽车，来到圣米歇尔山下。1979 年，圣米歇尔山及其海湾被认定为世界遗产。这座仅仅高出海面 78 米，底边周长不过 900 米的小山是宗教史和建筑史上的奇迹，是中世纪基督教文明最重要的中心之一。当我饿着肚子爬上山时，天色已暗，教堂已经闭门，但这丝毫没有影响我拍摄的心情，我贪婪地按动着相机快门，直到路边小店纷纷打烊，才停下拍摄，寻找落脚之处。

附近有许多旅店，我原本以为找到住处轻而易举，不料一家家寻去，不是客满就是已经关门。最后，我筋疲力尽地走进一家小店，叫了两声无人答应，就一头倒在门厅的沙发上昏昏睡去。不知睡了多久，我被人叫醒了："已经客满，请马上离开！"我实在太累了，躺着一动也不想动："就让我在这里将就一下吧！"见我如此"无赖"，店家说："再不离开就叫警察了。"

然后警察果然来了，我必须离开。昏沉夜色中，我由两位警察陪着，坐着警车，四处寻找有空房的旅店。凌晨3点，终于找到了一家旅店——五星级，价格远远超出我的预算。我没有住在那里。我裹着一件雨衣，睡在了街边的长椅上。

欧洲的5月，夜晚依旧寒气逼人，我被冻醒了。此时黎明来临，圣米歇尔山上的宏伟教堂正在等候第一缕曙光。露宿街头之后，圣米歇尔山没有亏待我，我捕捉到了霞光穿透云层投射在教堂上的壮观画面。那一缕转瞬即逝的阳光有如天赐，照耀着路边草木，也温暖了我。

多年之后，我回想起那一幕，常常感叹：如果不是那一夜的街头露宿，或许就无法拍到那些让我为之骄傲的照片。所以不必埋怨，只需心怀感激，带着热爱和勇气，一路前行。此后的二十多年，我正是以这样的心态，走过欧洲、亚洲、非洲、大洋洲、美洲，走到英国、挪威、伊朗、印度、埃塞俄比亚、马里、澳大利亚、危地马拉、智利、墨西哥等上百个国家，用完了9本护照，行程足可绕地球数十圈。对我而言，这段漫长的旅程不仅是一次实现自我、完善自我的过程，更是一场旷日持久的"朝圣"之旅——那些蕴含着人类悠久历史和灿烂文明的古迹与积淀着地球诞生以来最壮丽、最神奇的自然景观，就是我心目中的圣地。

三

旅途中难免遇到危险。

在危地马拉的蒂卡尔国家公园，为了拍摄夜景，我不顾当地人的劝阻，夜半时分在森林中急行40分钟，进入公园腹地的神殿遗址。当地人劝阻我，是因为公园中有毒蛇和老虎，而我以为他们不过是在吓唬我。在神殿遗址旁，我趁着月光选择了一个高角度，居高临下调好镜头，用闪光灯对着遗址连续闪了十几次，花了十多分钟才拍完一张照片。正在琢磨如何拍下一张时，远处忽然传来低沉的吼声。起初我觉得那是狒狒的吼声，但越听越不像。等那吼声越来越近，似乎整个山林都在震荡的时候，我终于确认，那就是老虎的啸声！显然，闪光灯的狂闪惊扰了老虎的美梦。当下不及细想，我丢下照相设备夺路而逃，一口气跑出森林，直跑到警察驻地。

尽管值班警察安慰我说，森林里的4只老虎此前从未伤人，但我仍然惊魂难定，久久不能平复。此前没有伤过人，万一我成了第一个呢？

另一次印象深刻的遇险，发生在希腊中部山区的斯凯特修道院。傍晚时分，我循着大路下山，行走间，一条大狗忽然从道边蹿出，狂叫着向我扑来。我下意识地挥动三脚架驱赶它。这时，不知从哪又扑上来5条凶猛的大狗。我脑子里顿时一片空白，逃无可逃，只是本能地挥动三脚架与群狗周旋。

也不知道过了多久，感觉已经耗尽气力时，突然眼前一亮，狗居然没了。定神一看，一辆汽车急刹车停在几米之外，我不管三七二十一冲进了车里。里面是两位神甫，他们把我送到旅店之后告诉我，围攻我的是一群遭人遗弃的野狗，十分危险。我心中一阵后怕：倘若不是两位神甫驾车经过，我还有机会全身而退吗?

实际上，二十多年来我在旅途中所遭遇的麻烦远不止这些，诸如遭遇小偷、骗子、恶导游之类的事情数不胜数。在巴基斯坦拍摄塔克西拉遗址的时候，我跟着导游误入军事管理区，被一个长相酷似萨达姆的军官当场抓住，要求检查我的录像带。现场的紧张气氛吓得我手足无措，若非凭着最后一丝镇定在假装倒带时洗掉录像带上的画面，必定凶多吉少。后来在日本的《读卖新闻》上，我读到一条消息："美国卫星最近发现在伊斯兰堡以西30公里处，联合国教科文组织于1980年认定为世界遗产的塔克西拉遗址旁，巴基斯坦军方建造起一座核导弹基地。据分析，此举动是企图以世界遗产为掩护……"顿时一阵后怕。

除了这些"冒险"的经历，还有一种遭遇让我感到的不是恐慌，而是愤怒。

那时候，持中国护照走世界，最大的烦恼就是签证问题。仅申请美国签证，我就连续两次遭到拒签，其中第一次是在1990年，当时我还是留学生。在东京虎之门的美国大使馆里，工作人员只告诉我申请被拒签，不予说明理由。我又找到另一位懂中文的美国馆员询问，不料他非但不解释，还用中文十分粗暴地对我说："回你的中国去申请，这里不受理你的申请！"而后招来两名警卫，将我强行推出使馆大门。

如此对待中国人的，不只是美国。

在那些年里，正是因为许多国家的大门还没有完全向中国人自由开放，我就有那么一股劲儿，要以中国人的身份去闯开他们的大门——就像我最初立意要去拍摄世界遗产时所下的决心那样，我要以一个中国人的眼光，去拍摄全世界的遗产。

四

虽然此前我出版过几部世界遗产的摄影集，但出版皇皇三十多卷、囊括1000余项世界遗产的"全集"，却是过去不敢想象的事情。一则因其工程浩大，非历时数年不能完成，不仅考验我的耐心和精力，更考验出版社的勇气和眼光；二则因其耗资甚巨，若无雄厚资金支持，任何机构断不敢贸然立项，须知，连日本出版业巨头——小学馆都没有完成如此规模的浩瀚工程。

在这个意义上，我要向青岛出版集团致以崇高敬意和感谢。孟鸣飞董事长及各位领导高屋建瓴、目光深远，从他们身上，我看到了一家有文化追求的出版社的责任感、使命感和人文情怀。

感谢《世界遗产全集》的主编葛剑雄先生，从策划到审稿，从文字到图片，巨细靡遗，多方指导，令我受益匪浅。他说："这套《世界遗产全集》将是周先生和青岛出版社献给世界遗产的礼物，献给全球世界遗产爱好者和保护者的礼物，将伴随着中国文化走向世界，走向未来。"这句话时时鞭策着我。

感谢联合国教科文组织第37届大会主席郝平先生和前任总干事松浦晃一郎

先生，于百忙之中为本书作序，并寄予殷切希望。

感谢每一位参与本书编辑、设计、制作的朋友，感谢你们的不懈努力和辛苦付出。

最后，请允许我借用郝平先生的话作为本文的结尾：“我认为，《世界遗产全集》反映了以中国人的眼光审视世界文明，推动中华文明与世界文明的交流与互动，向全世界展现中华文明的魅力与魄力的宗旨。我相信，《世界遗产全集》出版工程的正式启动，将推进人类优秀文化在世界范围内的传播与交流，造福后人，为人类和平与进步作出贡献。”

我愿把余生献给宣传世界遗产这项伟大的事业。

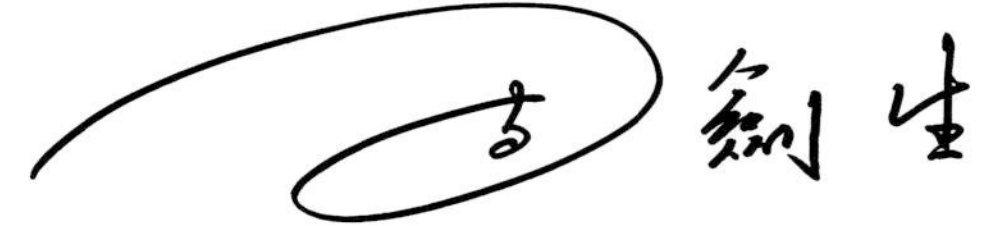

图书在版编目（CIP）数据

世界遗产全集·亚洲甲卷 / 葛剑雄主编；周剑生摄影 .
-- 青岛：青岛出版社，2017.5
ISBN 978-7-5552-3456-2
Ⅰ . ①世… Ⅱ . ①葛… ②周… Ⅲ . 文化遗产—中国—图集
Ⅳ .K103-64
中国版本图书馆 CIP 数据核字（2017）第 004289 号

书　　名 | 世界遗产全集·亚洲甲卷
主　　编 | 葛剑雄
摄　　影 | 周剑生
出 版 人 | 孟鸣飞
出版发行 | 青岛出版社
社　　址 | 青岛市海尔路 182 号（266061）
本社网址 | http://www.qdpub.com
邮购电话 | 13335059110　0532-85814750（传真）　0532-68068026
策划编辑 | 申　尧（shenyao@126.com）
责任编辑 | 申　尧　唐运锋　郑立山
助理编辑 | 刘伟学
特约编辑 | 冯　欣　范亚昆　靳　文
翻　　译 | 高　萍　张桂云
译　　审 | 刘惠忠
图片说明 | 冯　欣
地图绘制 | 刘　梅
设　　计 | 弋凡工作室
印务监修 | 李明泽　钱丽娜　胡文娟
图像处理 | 蒋贤龙
制版印刷 | 北京雅昌艺术印刷有限公司
出版日期 | 2017 年 9 月第 1 版　2017 年 9 月第 1 次印刷
开　　本 | 6 开（635mm × 965mm）
印　　张 | 68
字　　数 | 250 千
印　　数 | 1~500
书　　号 | ISBN 978-7-5552-3456-2
定　　价 | 1500.00 元

* 编校质量、盗版监督服务电话 400-653-2017　　* 青岛版图书售出后如发现质量问题，请寄回青岛出版社出版印务部调换，电话（0532）68068638